凡尔赛宫

尊贵之旅

凡尔赛宫

尊贵之旅

［法］纪尧姆·皮康 编著
GUILLAUME PICON

［法］弗朗西斯·阿蒙 摄影
FRANCIS HAMMOND

杨 光 译

北京出版集团
北京出版社

图书在版编目（CIP）数据

凡尔赛宫：尊贵之旅 / （法）纪尧姆·皮康编著 ；
（法）弗朗西斯·阿蒙摄影 ；杨光译. -- 北京 ： 北京出
版社，2024. 7. -- ISBN 978-7-200-18823-3

Ⅰ．K956. 57

中国国家版本馆CIP数据核字第20245TA461号

北京市版权局著作权合同登记号：01-2024-2978

责任编辑：王冠中　米　琳
责任印制：刘文豪
装帧设计：李猛工作室
设计制作：哈　姆
特约专家：连志鹏

凡尔赛宫
尊贵之旅
FAN' ERSAI GONG

[法]纪尧姆·皮康　编著
[法]弗朗西斯·阿蒙　摄影

杨　光　译

出　　版　北京出版集团
　　　　　北 京 出 版 社
地　　址　北京北三环中路6号
邮　　编　100120
网　　址　www.bph.com.cn
总 发 行　北京出版集团
发　　行　京版若晴科创文化发展（北京）有限公司
经　　销　新华书店
印　　刷　深圳市福圣印刷有限公司
版　　次　2024年7月第1版
印　　次　2024年7月第1次印刷
成品尺寸　245毫米×305毫米
印　　张　40
字　　数　327.6千字
书　　号　ISBN 978-7-200-18823-3
定　　价　498.00元
印　　数　1—3 000
如有印装质量问题，由本社负责调换
质量监督电话　010-58572393
本书由凡尔赛宫CHÂTEAU DE VERSAILLES官方授权出品。

目　录

"拉·瓦利埃夫人（和路易十四）的爱情，

起初是个谜，

后来她经常造访凡尔赛，这是路易十三建造的小城堡。

路易十四和他的情妇私下相处的乐趣，

是建造这座小城堡的公正者（路易十三尊称），

英雄和圣路易的子孙所不知道的。

路易十四生活中的这些小插曲逐渐催生了他在凡尔赛建造巨大建筑的想法，

而这些建筑为庞大的宫廷的生活提供了便利，

这与圣日耳曼城堡的国王居所大相径庭。

这促使国王在王后去世前不久将他的宫廷居所搬到凡尔赛宫。"

圣西门，《回忆录》，1715年

右页图: 路易十四的青铜骑马雕像，1836年在路易－菲利普统治时期被安置在法国大革命时期熔化的王宫栅栏的位置上。最近，这座雕像被修复并被移置于凡尔赛宫宫殿入口处的阅兵广场。国王雕像是路易·珀蒂托的作品，战马雕像则由皮埃尔·卡尔特利埃设计，原本要用来支持路易十五骑马雕像。这就解释了为什么从近处看，路易十四和他的坐骑相比显得过于巨大。在驾崩三个世纪后，路易十四重新在凡尔赛宫迎接每年大约六百万游客的造访

LOUIS XIV

1638 - 1715

前　言

卡特林娜·佩加尔
凡尔赛宫国家领地、博物馆和城堡公共机构主席

来自凡尔赛宫特别邀请的一次"尊贵之旅"？这可能被视为迷人的挑衅。我们如何去欣赏那些带有花边的雕塑，精致的织物和带有秘密机关的家具？又如何冒险登上王家礼拜堂的拱顶，探索王家歌剧院的舞台后台？如何在凡尔赛宫诸多的阁楼和花园中迷路？又如何花时间去发现一个我们永远不会感到孤单的地方？

这本美丽的图书邀请我们去凡尔赛宫参观，但这不是一个仅仅建立在光滑的图片纸上的约会，而是向我们展示平时看不到的风景。这本书将用似曾相识的印象唤起我们的情感。无论是我们经常走过的镜厅和十字大运河河畔，还是第一次进入的王后的卧室，一种难以名状的感觉让我们相信自己身处一个熟悉的世界。我们似乎可以听见已经消失的声音的回声，可以看见已经消逝的生命的影像。这就是想象力的力量。无论在凡尔赛宫的任何地方，我们都会产生错觉。而且每个人都会以各自独特的方式产生独特的错觉。在凡尔赛宫，人们必定会同时看到很多东西。看得太多之后，人们只会记住一些意象，根据所有这些搜集的艺术品产生大量细节。在凡尔赛宫沉淀得如此深厚的历史中，我们总能找到独特的典故。我们会很惊讶于某位国家元首会被凡尔赛君王高傲的仪态所吸引，一位日本女士在玛丽-安托瓦内特王后的靴子前赞叹不已，而美国游客则在描绘约克城战役（译者注：1781 年美法联军在美国独立战争中击败英军促使美国赢得独立的关键战役）的油画前激动不已。

当然，当一缕阳光照射入凡尔赛宫某个昏暗的小房间时，枝形吊灯的微光，青铜雕刻反射出的光线，给大特里亚农宫的斑岩材质的柱廊染上色彩的夕阳，无论我们是谁，都被这样的景象所吸引。光线的细微差别都在竞相反映凡尔赛宫的多样性。在如此美景中，凡尔赛宫吸引我们到来，也让我们一时间忘记其作为整体的魅力。

弗朗西斯·阿蒙的精妙照片将凡尔赛宫的风景定格，这些照片可以唤醒我们的记忆，重现情感或增强我们了解这些地方的欲望。纪尧姆·皮康精心搜集的那些用来解释图片的名人名言似乎超越了时间，好像这些名言就是为这些图片而特意写作的。

我想对弗拉马里翁出版社将这两位热爱凡尔赛宫的"导游"聚在一起表达我的感激之情，我要感谢这两位以如此美好的方式与我们分享他们对凡尔赛宫的诠释。

左页图：这枚大纪念章运用了透视法技术因此具有立体感，它构成了镜厅的装饰要素之一。太阳神阿波罗的头像，象征着太阳也是路易十四的标志之一，置于法国国王王冠之下。在王冠的上方，可以看到路易十四的拉丁文格言 Nec pluribus impar，意为"一切与众不同"

第12页、13页图：由于大理石庭院中用大理石地砖铺设的地面及其砖石建筑很容易被辨认，因此大理石庭院被视为路易十三为凡尔赛宫留下的主要遗产

序　言

洛朗·萨洛梅
凡尔赛宫和特里亚农宫国家博物馆主席

透过一把"质朴"的椅子靠背上方的窗户，我们可以看到爱神神庙及其门前的垂柳。实话实说，这把椅子是一件令人难以置信的精致艺术品，它的叶子装饰和玉米穗是以"真实和自然的色彩"为王后绘制的，上面饰有令人难以抗拒的小齿轮，这是一种我们只能在凡尔赛宫才能看到的那种精致的忧郁气质。在参观凡尔赛宫的过程中，不同的隐秘的情感接踵而至，完美的画笔让你惊叹不已，这就是这本书让你重温和想象的东西，同时产生一种想要进入这些永恒之地的强烈愿望。但是，为了享受翻阅这本书所带来的如此多的乐趣，你必须花上好几天的时间在凡尔赛宫的城堡和花园里漫步，要特别留意在合适的光线下处于合适的位置，并且不能错过壮丽景色的每个小细节。弗朗西斯·阿蒙富有灵感的镜头让我们不会错过美景，而纪尧姆·皮康简洁而富有启发性的评论则让我们可以尽情发挥想象力。

在这个总是充满活力的地方，想要在时间流动下获得永恒的印象是个悖论。在凡尔赛宫，每个月都在发生翻天覆地的变化，权力的概念、运用和品位的演变凝结在这个永恒的建筑工地上。最深思熟虑者甚至会在这些照片中辨认出一些属于过去的状态。这本书表现出的宁静氛围让我们只能感受凡尔赛宫所发生的丰富的事件。我们希望亲密的氛围和伟大的历史之间的张力，将随着路易－菲利普创建的历史画廊重新焕发其辉煌和诗意，更好地展现其丰富性。而历史画廊创建本身正是19世纪即凡尔赛宫在另一个"伟大世纪"为了解决上述张力的一次不错的尝试。

这本书的制作如此精良，当你翻页时，会有神奇的事情发生：你不仅会闻见丝绸、凉爽的大理石、抛光雕花的木地板所散发出的特别的味道，还会闻到轻风送来的凡尔赛花园鲜花的清香。

左页图：面向大理石庭院的大理石前厅内景
第16页、17页图：面向花园一侧的凡尔赛宫立面外观

凡尔赛宫

Le Château de Versailles

虽然凡尔赛宫和路易十四总是联系在一起，但实际在历史上它始建于路易十三时代，路易十三在 1623 年修建了一座砖石材质的城堡。这座城堡很快就于 1631 年至 1634 年被改造和扩建。从 1661 年开始，路易十四在凡尔赛宫开启很多项大工程。1682 年，路易十四将他的宫廷永久迁移至此。凡尔赛宫在成为国王主要住所后，也成为法国政府所在地，直到 1789 年 10 月 6 日王室被迫重返巴黎。

右页图:《狄安娜或黄昏时刻》雕像由马丁·德雅尔丹于1680年创作，他生于荷兰布雷达，原名范·登·博格特，这座雕像似乎脱离了《动物搏斗》喷泉，正在迈向花园一侧的宫殿外墙

第20页图: 位于凡尔赛宫宫殿中央一楼下层长廊的侧廊，位于镜厅正下方

第21页图: 从大理石前厅望向花园时，目光穿过下层长廊及其过道

凡尔赛宫
Le Château de Versailles

"我问她（译者注：阿尔贝蒂娜，《追忆逝水年华》中的人物）
愿不愿意去凡尔赛。
她这人就是这一点非常动人，干什么事非常痛快，
也许她过去一半时间都生活在别人家里，
因此早已养成这种习惯……"

☾

马塞尔·普鲁斯特《追忆逝水年华》

左页图：从御前会议厅拍摄的连接起来的多个房间的照片，可以辨认出路易十六浴室地面上铺设的黑白两色交错的地砖

凡尔赛宫的楼梯

Les escaliers de Versailles

凡尔赛宫拥有大约 70 座楼梯，其中最壮观的用于连接宫殿内部的主要房间，重要性稍次的楼梯则以不引人注目的方式连接小房间。其中最为富丽堂皇的楼梯是今天已经消失的大使楼梯，大使楼梯所在的位置修建了王后楼梯，这座楼梯同样是大理石材质的。接下来，在最里面，打开的房门通向地图室，这里以前是镀金室。

右页图: 位于凡尔赛宫南翼的普罗旺斯楼梯，这座楼梯连接普罗旺斯伯爵和伯爵夫人的房间。普罗旺斯伯爵是路易十六的弟弟，1814年以路易十八的名义登上法国王位

左上图：19世纪修复的受骗者楼梯，这座楼梯并非修建于路易十三时代（译者注：路易十三于1630年11月10日和黎塞留密谋剥夺美第奇王太后的权力，被称为受骗者之日，又称愚人日），而是路易十四时代

右上图：路易十五认为国王的小楼梯是他的专属通道。1765年，他下令在此处添设一盏灯以照亮楼梯底部

左下图：从底层通向顶楼的半圆形楼梯

右下图：从王家礼拜堂二楼北廊看到的螺旋楼梯

右页图：从王家礼拜堂一楼北看台上看到的螺旋楼梯

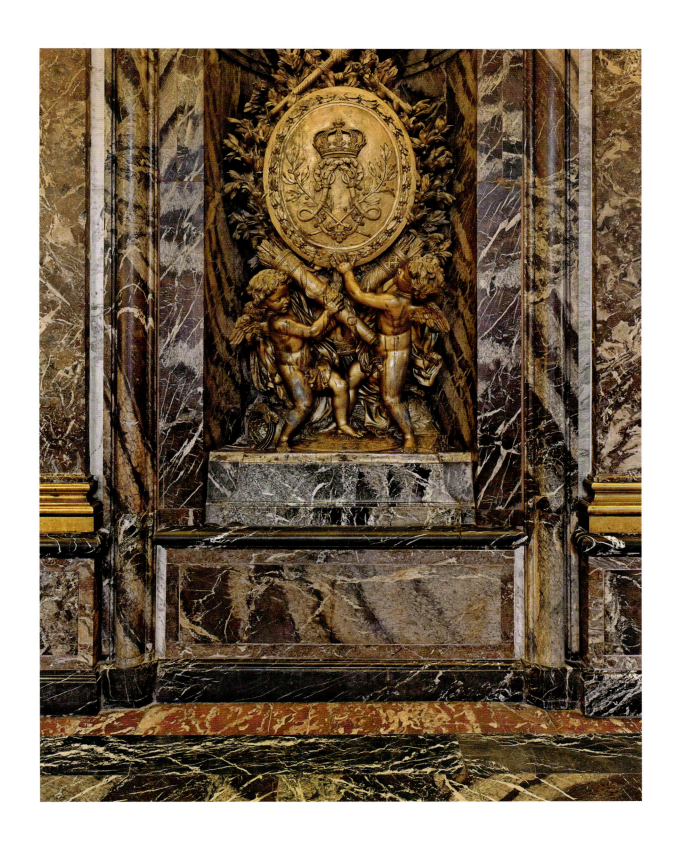

左页图和第30页、第31页图：大理石楼梯是路易十四的王后玛丽亚−特蕾莎房间最后的装修工程的一部分。建筑师儒勒·阿尔杜安−芒萨尔根据弗朗索瓦·勒沃及其后继者弗朗索瓦·多尔贝的设计图纸，在1680年主持了楼梯的建造工程。尽管这座楼梯以"王后楼梯"的这个名字流传后世，但是它不仅连接王后的房间，也连接国王的房间。这种特殊的格局让它很快取代了大使楼梯，成为凡尔赛宫最常用的楼梯。这座楼梯上奢华的装饰由来自法国各地不同的采石场出产的不同颜色的大理石构成，因为路易十四和科尔贝尔都迫切希望来自比利牛斯山的法国大理石能够取代从意大利进口的大理石

上图：王后楼梯二层的平台上有一座铅质镀金雕塑装饰。两个小爱神扛着一个盾形纹章，上面以前轧制着交错缠绕在一起的路易十四和他的王后姓名的字母。在盾形纹章上方雕刻两只鸽子和希腊婚姻女神海曼的火炬。这座雕像象征着路易十四和王后玛丽亚−特蕾莎的婚姻

"楼梯工程的进展非常顺利，我希望它能够在7月完全竣工。"

"大楼梯能完工朕将很高兴。"

☉

科尔贝尔写给路易十四的信（1678年3月1日）
以及路易十四的回信（当时国王正在前线指挥根特围城战）

这座"大楼梯"始建于 1669 年，竣工于 1678 年，历时近 10 年，路易十四一直关心工程进度。这是一项非凡的工程，在国王首席画家勒布伦的主持下，众多艺术家参与了这项凡尔赛宫伟大作品的建设。"大楼梯"最终被命名为大使楼梯，因为大使在此受到国王的接见并递交国书。大使楼梯的墙壁和隔断装饰有朗斯河和朗格多克地区出产的大理石镶板，背景则是白色大理石；台阶的地板也用大理石铺设。勒布伦为这个大理石的装饰设计了一座室内喷泉和天花板，天花板上装饰了很多彰显国王荣耀的寓意画，这是镜厅天花板上图像计划的前奏。大使楼梯的侧上方是玻璃屋顶，能够保证充足的自然采光，这在当时是个技术挑战。然而，艺术品的华丽并不能保证它的永恒。1750 年，路易十五下令废弃这座由其曾祖父路易十四修建的"大楼梯"，1752 年"大楼梯"完成拆除。但是这座楼梯有个令人惊讶的后继者：19 世纪末，巴伐利亚国王路德维希二世，出于对路易十四和凡尔赛宫的仰慕，在他的海伦基姆湖宫建造了一座"大使楼梯"的复制品。

右页图: 大台阶（又被称为加布里埃尔楼梯）的建造原本预计在1772年完成，但是直到两个多世纪后的1985年才竣工。这座楼梯是根据当时担任国王首席建筑师的安日－雅克·加布里埃尔留下的设计图纸建造的

国王的大套间

Le grand appartement du Roi

国王套间在 17 世纪 70 年代建立的时候，大约包括 7 个房间。国王套间非常豪华，包含多个装饰奢华的客厅，比如墨丘利厅和阿波罗厅。在王后去世后，路易十四在大理石庭院的深处建造了新的国王套间，服务于路易十四本人及其继承人直到 1789 年。从此之后，原来的国王套间就被称为大套间，这里成为国王举行接见典礼和王家节日仪式的地方，御座厅就设置在阿波罗厅。

左页图: 傍晚时刻的镜厅北段，当自然光线逐渐变得模糊的时候，可以想象大理石、青铜艺术品、雕像、支撑起枝形烛台的独脚小圆桌或壁灯灯座等丰富的装饰与从拱形天花板上垂下的吊灯相映成趣

上图: 赫拉克勒斯厅完工于1736年, 1739年此处曾举办一场盛装舞会作为它的建成仪式。赫拉克勒斯厅得名于天花板上由弗朗索瓦·勒穆瓦纳绘制的《赫拉克勒斯成神》

上图和左下图: 保罗·委罗内塞于1570年创作的《西蒙家的晚餐》, 1664年威尼斯共和国将此画作为礼物赠予路易十四, 希望获得笃信王(译者注: 中世纪至大革命前法国国王的专有称号)的支持以抗击不信奉基督教的奥斯曼帝国

下图右侧: 保罗·委罗内塞创作的《埃利泽和丽贝卡》, 装裱这幅画的画框被安装在壁炉上方, 是雕塑家雅克·韦贝尔克的作品

右页图: 图上的装饰提醒我们此处是献给赫拉克勒斯的。在上方, 赫拉克勒斯的全身像被雕刻在椭圆形浮雕上, 他用标志性的狼牙棒支撑着身体。在下方, 壁炉上方的过梁上装饰着赫拉克勒斯的头像, 头像上佩戴着尼米亚雄狮(译者注: 古希腊神话中的怪兽, 被赫拉克勒斯所猎杀)的毛皮

国王的大套间

Le grand appartement du Roi

"国王的大套间，

也就是说从长廊到礼拜堂的王家廊台，都用深红色的天鹅绒装饰，

配有纯金制作的穗饰和流苏。

在一个晴朗的早晨，这些美丽的房间和外界其实是隔绝的。

在一个整天忙碌、晚上封闭、全天戒备森严的地方，

这些美丽的房间的存在是一个奇迹……

五六天后，我和国王共进晚餐……

大约到了上甜点的时候，

我感到黑色的不明大型物体从空中落到了桌子上……

它落下时发出的噪声，以及下坠的力道让桌子上的餐盘跳动但并没打翻任何一个餐盘。

巧合的是，它坠落在了桌布上而没直接掉进餐盘里。

国王听到不明物体下落的声响后，半转过头，没有任何惊讶的神态，

他说：'是流苏上的金属坠又掉了吧。'"

圣西门，《回忆录》，1699年

左页图：从丰饶厅引向路易十四的珍品室，这里和其他珍品室一样，主要用于保存国王收藏的最精美的纪念章，珍品室内陈列着专门用于保存纪念章的柜子。这是由安德烈-夏尔·布勒制作的保存纪念章的豪华柜子，柜子正上方挂着路易十四的长孙勃艮第公爵的肖像画，这幅画由亚森特·里戈绘制

国王的大套间

Le grand appartement du Roi

"我们所说的国王套间是整个宫廷的中心，

从晚上七点到十点，

国王会从镜厅尽头的某个厅走出来直到王家礼拜堂的廊台，

然后坐在套间的某个桌子旁。

首先，这里一直有乐队在演奏，

而且所有房间的桌子都准备好进行各种游戏。

王太子和王弟奥尔良公爵经常玩兰斯克内特纸牌游戏

（译者注：一种由德国雇佣军传入法国的纸牌游戏，而这些雇佣兵在16世纪就叫兰斯克内特），

还有台球。

总而言之，人们可以自由选择台球玩伴，

如果台球桌都满员了，可以要求增加台球桌。

在台球室之外，还有一个专门摆放饮料、水果、点心用来招待客人的房间，

所有地方都灯火通明。"

☞

圣西门，《回忆录》，1692年

右页图：从镜厅看和平厅

左页图：在战争厅由不同颜色的大理石（白色、绿色、红色）铺就的墙面上，上半部分突出的是一组由武器和盔甲组成的装饰，而在下半部分，国王的姓名起首字母即两个L，被象征胜利和荣誉的棕榈枝和月桂叶簇拥包围

上图：古罗马皇帝图密善的半身像位于两个壁柱之间，背面是大理石制成的背景墙，上面镶嵌着镀金青铜装饰。这座半身像的头部由斑岩制成，衣着则是缟玛瑙材质，它本是法国首相红衣主教马扎然的收藏品，后来被遗赠给了马扎然的教子路易十四

国王的大套间

Le grand appartement du Roi

"王太子的婚礼晚会，即未来的路易十六和玛丽-安托瓦内特的婚礼，

所有人都在精心装潢的镜厅集合，

这里有很多华美的用来支撑枝形烛台的镀金半身像。

国王（路易十五）大约在下午六点半到达，

在一个很大的圆桌中间玩游戏。

女士们则在镜厅的各处散步，

她们与廷臣和外宾站在一起，

让整个镜厅充满了华美的衣服。

栏杆则留给了从巴黎远道而来的女士，

她们一个接一个地经过，成为另一侧的风景。"

☉

克罗伊公爵，《未刊日记》，1770年

第44、45页图：从战争厅看镜厅

右页图：从战争厅拍摄的这张照片展示了令人印象深刻的73米长的镜厅。镜厅始建于1678年，6年后完工，其拱顶的装饰工程由夏尔·勒布伦领导，历时近4年才完工（1681—1684）。作为国王首席画家，勒布伦设想出如此不同寻常的拱顶装饰是为了谱写真正能彰显路易十四荣耀的颂歌。尽管长廊在宫殿的首要功能是过道，镜厅却由于其豪华的装饰，在建成后不久就用作举办宫廷重大庆典的场地

第48页图：镜厅的枝形吊灯

第49页图：在一座支撑起枝形烛台的灯座背后，大理石镶板装饰的墙壁前，有一座历史可以追溯至古典时代的维纳斯雕像

王后大套间

Le grand appartement de la Reine

1683年玛丽亚－特蕾莎王后去世后，王后大套间先后由路易十四时代的太子妃巴伐利亚的玛丽·安妮和太孙妃萨瓦的玛丽·阿德莱德居住。在18世纪，王后大套间再次由两位王后使用，路易十五的王后玛丽·莱辛斯卡和路易十六的王后玛丽－安托瓦内特。两位王后给套间中一些房间的装饰带来了一些重要的变化。其中玛丽－安托瓦内特将王后卧室重新布置并且安装了一座新的壁炉。

第50、51页图：路易十四时代，维纳斯厅是通向国王大套间的入口。这扇对开的大门背后是庄严的大使楼梯（见32页）
左页图：费利克斯·勒孔特雕刻的玛丽－安托瓦内特半身像

左页图: 这个精美的珠宝柜由细木师傅让-费迪南·施维尔德费格设计制造,于1787年交付给玛丽-安托瓦内特使用。珠宝柜上的镀金青铜装饰则出自雕塑家皮埃尔-菲利普·托米尔之手。照片中半开半掩的门通向牛眼窗厅,牛眼窗厅是国王套件中排名第二的前厅。1789年10月6日玛丽-安托瓦内特王后正是借助此走廊躲避蜂拥而入的革命民众并和国王会合。在国王那边,路易十六已经出发迎接王后,但走的是国王走廊,这个走廊是悬空的,可以保证国王前往王后卧室而不被发现。虽然国王和王后急切要和对方会合,却因为选择的路径不同而互相错过,这让宫廷更加骚动不安

上图: 王后卧室从一开始就被确立为大套间中的主要房间。王后在这个卧室就寝,这和国王不同,从路易十五开始,国王只在举行起床仪式和就寝仪式的时候待在自己的卧室。这并不能阻止国王根据他的个人喜好,扮演晚上的来访者,来王后的卧室找到她。需要特别说明的是,王后卧室是王后诞下法国王子和公主的地方。王后必须在王后卧室内公开展示分娩过程以保证其子女的合法身份得到所有人的认可

王后大套间

Le grand appartement de la Reine

今天我们可以参观的凡尔赛宫王后卧室，在装潢和陈设上整体复原了玛丽－安托瓦内特王后 1798 年 10 月 6 日被迫离开时的样子。其中一些装饰和家具就是大革命前的文物，上面还带有曾经生活在此处的三位王后的印记，包括路易十四的王后玛丽亚－特蕾莎、路易十五的王后玛丽·莱辛斯卡和路易十六的王后玛丽－安托瓦内特。其中，天花板、墙壁、壁炉、床上的被子、壁炉挡板或防火板、珠宝柜上的雕刻和彩绘装饰就是大革命前的原有陈设，而壁龛上的挂饰、床上和椅子上的刺绣则是还原历史的复制品。1946 年，王后卧室的挂帘被重新制造，两年后被重新安装。这套挂帘是一款夏季家具，在一年中的部分时间（春季到秋季）安装在王后的卧室。挂帘由里昂德斯法尔日工场于 1787 年交付给玛丽－安托瓦内特王后，由大量花朵、饰带和孔雀羽毛构成。这套挂帘在 1789 年 10 月 6 日即王后被迫离开凡尔赛宫前往巴黎的当天还挂在王后卧室……王后卧室内还有一些当代复制的陈设，主要是基于档案制造的。但是其中也加入了一些新的元素，比如床的顶饰和墙壁上的装饰。

左页图： 王后卧室内的床的顶部，由鸵鸟羽毛装饰

"夫人，国王（路易十六）的女儿于1778年12月19日中午之前降生。

王后分娩时，任何人都能进入王后卧室围观的规矩被夸张地严格遵守。

当助产士维尔蒙高声宣布'王后马上要生了'的那一刻，

好奇的人们匆忙拥入王后卧室，

他们人多嘴杂，以至于差点让正在分娩的王后丢掉性命。"

☾

康庞夫人，《玛丽-安托瓦内特王后首席女总管康庞夫人回忆录》

右页图: 王后卧室壁炉挡板的细节。这块壁炉挡板是由雕刻家让·奥雷于1787年制成并交付给王后的，1939年凡尔赛宫将其从文物市场购回

王家礼拜堂

La chapelle royale

王家礼拜堂在路易十四统治末年才投入使用，1710 年 6 月 5 日，巴黎大主教主持了礼拜堂的祝圣仪式。这是太阳王路易十四经常去的第五座礼拜堂，而凡尔赛宫内部并没有设立其他礼拜堂。在君权神授思想的影响下，法国国王每天都要率领宫廷所有成员出席弥撒仪式。国王及其王室成员在二层的王家廊楼有专属位置，而其他人只能在礼拜堂中殿挤在一起。

右页图: 向南侧廊台打开的门
第62、63页图: 王家礼拜堂的外部景观

王家礼拜堂
La chapelle royale

"德梅斯先生，正如我所说，

要和这些先生一起去参观新落成的礼拜堂。

还有福尔纳罗，看看他会如何评价它。

奥尔良的事情让他感到痛苦，

看了新礼拜堂会让福尔纳罗开心一点。

他会被礼拜堂的黄金、绘画和雕塑的光芒、豪华、数量之多所震惊，

也会不由自主地感叹，

如果国王去供养那些快要饿死的军队，

而不是堆积这么多好东西，那么国王可以做得更好。

国王建造这样一件更能取悦上帝的作品，是以那些贫苦民众的鲜血为代价的，

他们在税收的重压下死亡。"

圣西门，《回忆录》，1710年

左页图: 王家廊台，以及一扇通向礼拜堂侧廊台的门。在日课的某些时候，国王及其家庭成员跪在方形礼仪垫上，礼仪垫则铺在萨沃纳里地毯上。门上方的浅浮雕刻着《耶稣在圣殿与律法教师讨论》，这是画家纪尧姆·库斯图创作的耶稣童年的场景

第66、67页图: 拱顶的装饰分为三个单元，每个单元表现的是三位一体中的三个位格中的一个。在拱顶中心，安托万·夸佩尔描绘了《永恒之父在他的荣耀中为世界带来了救赎的应许》。在礼拜堂左翼半圆形后殿的半穹隆上，夏尔·德·拉福斯描绘了《基督的复活》。在对面，王家廊台的上方，让·朱沃内绘制了《圣灵降临在圣母和使徒身上》。在周边，侧廊台的天花板上则绘制了十二使徒

王家礼拜堂

La chapelle royale

新王家礼拜堂始建于 1689 年，但直到 1710 年才完工。在这 21 年中，路易十四进行了多场战争，压缩了很多不必要的开支。这解释了礼拜堂的修建工程为什么持续了 20 多年。然而时间并没有对该项目产生不利影响，反而带来了积极的变化。如果这座教堂提前 10 年或者 15 年竣工，那么毫无疑问，它将带有伟大世纪（译者注：即 17 世纪）的标志——全部由大理石建成。而新世纪（译者注：即 18 世纪）将诞生一座风格更新潮的建筑，无论是建筑材料的选择——优先选择来自法兰西岛的石材而非大理石，还是内部和外部的绘画、雕刻和装饰都证实了这一点。王家礼拜堂在玻璃和石头之间实现了巧妙的平衡。在凡尔赛宫看到哥特式艺术潜移默化的影响，特别是看到 13 世纪法国国王圣路易修建的圣礼拜堂的影子，是一种奇妙的感觉。路易十四将这座新礼拜堂奉献给波旁王朝的守护者圣路易。

右页图: 礼拜堂圣器室细木护壁板上挂着的画作——提香的《以马忤斯的朝圣者》的复制品，17 世纪的作品

第70页图，左页图和上图：礼拜堂管风琴的机械构造，由罗贝尔·克利科制造，而管风琴的镀金精雕木壳是5位雕塑家（托潘、德古隆、贝兰、拉朗德、勒古皮）的杰作。管风琴上方的天花板由油画装饰，上面的拉丁文意为：愿上帝保佑国王！1763年底到1764年初，幼年的莫扎特在法国生活。1764年元旦，小莫扎特和他的家人被邀请到凡尔赛宫和国王一起用餐。在用餐快要结束的时候，路易十五希望这位音乐神童能演奏一段音乐。听闻此言，小莫扎特迫不及待地从餐桌旁站起来走向王家礼拜堂，国王带领一小群人随后也赶来。小莫扎特坐在管风琴边开始演奏，一阵阵动听的乐声从管风琴的管子中传出，令国王大吃一惊

第71页图：位于管风琴两侧的木制长椅

王家礼拜堂
La chapelle royale

"国王带领王子们

和手牵手的王太子夫妇一行人走进王家礼拜堂，

后面还跟着70名宫廷贵妇和宫廷贵族……

礼拜堂的入口和这个庄严的仪式，

一切呈现出的景象比我预想的更加壮丽。

新婚的王太子和太子妃站在祭坛脚下的石砖上。

国王坐在他专属的祭告椅上，在很靠后面的地方。

35名宫廷贵妇和侍女为新婚夫妇制作了精美的礼服……

王太子的婚礼由兰斯大主教主持，

国王、所有王室成员以及法国王族亲王和郡主都在后面见证婚礼。

新婚的王太子和太子妃看起来并没有尴尬的神色，

一切都进行得很顺利。"

☺

克罗伊公爵，《未刊日记》，1770年5月16日

左页图: 从王家廊台望向礼拜堂中殿的景观

左页图：从王家礼拜堂二层望向北廊台的景观

上图：通向王家廊台开放的大门上的门扇装饰细节，我们可以识别出代表国王的字母，就是交错在一起的两个L字母，上面有鸢尾花装饰的王冠

国王套间

L'appartement du Roi

当 路易十四将宫廷安置在凡尔赛，国王和王后每人都拥有一个大套间和一个小套间。大套间和小套间是连通的，这让套间的主人得以暂时逃避充斥宫廷生活的繁复的礼仪。在王后去世后，路易十四将大套间转变为接待场所，自己住进了另一个新套间内。新套间从此成为国王公共生活的中心，国王的起床仪式和就寝仪式也在此举行。

右页图: 从镜厅看向国王的第二前厅，这个厅也被称为牛眼窗厅

国王套间

L'appartement du Roi

"谈到这里（凡尔赛宫）的礼仪，

我不想从礼仪日来谈所有宫廷都确立的这一庄严的秩序。

我说的是细微的规则，

它深入了国王们最隐秘的私人生活，

包括他们忍耐受苦的时刻、休闲时光，

甚至是国王们身上最令人厌烦的人性弱点中。"

康庞夫人,《玛丽-安托瓦内特王后首席女总管康庞夫人回忆录》

右页图: 晚上, 当十点的钟声敲响的时候, 路易十四从曼特农夫人的套间出来, 在第一前厅公开享用晚餐, 这个厅也被称为大餐厅。国王用餐时, 餐厅会演奏王室音乐总监米歇尔·理查德·德拉兰德创作的《国王晚餐交响乐》。装饰第一候见厅的油画是约瑟夫·帕罗塞尔于1685年到1688年创作的。这里的画作主要涉及古典时代战役主题。从这幅照片上可以看到的画面, 描绘的是被包围的城墙下的骑兵冲锋

上图和右页图：国王的第二前厅，也被称为牛眼窗厅，得名于开在天花板边拱顶下方的椭圆形窗户。廷臣在这个厅等候，然后被领入国王卧室接受国王的召见

国王套间

L'appartement du Roi

1701 年，路易十四将其卧室置放在被称为国王厅的房间内。这个房间最初是用来分隔国王套间和王后套间的，1678 年在修建镜厅时被改造为卧室。国王卧室在搬迁后就位于凡尔赛宫的中心。王家礼拜仪式绝大多数都在此举行。国王的起床仪式和就寝仪式每天都在这里举行。每天早上八点半，王家首席侍从走到国王的床边喊道："陛下，时候到了！"国王的一天从"小起床礼"开始，半小时后举行"大起床礼"。在十点到十一点之间，国王来到王家礼拜堂参加弥撒。其实，国王一天的安排会在固定的时间插入弥撒。当国王回到自己的卧室并于晚上十一点至午夜之间举行就寝仪式的时候，一天的仪式才算完成。直到 1789 年 10 月 6 日路易十六和玛丽－安托瓦内特被迫前往杜伊勒里宫，这套宫廷仪式才停止。路易十四于 1715 年 9 月 1 日驾崩，同年 8 月 25 日他接受了天主教临终涂油礼，根据天主教圣人历，这一天是波旁王朝的守护者圣路易的纪念日。

左页图：国王的卧室从其装潢就能识别出来，因为这些装饰是独一无二的。木制镀金栏杆是路易－菲利普时期设立的，将放御床的凹室和卧室的其他部分分开了。在御床天盖的上方，天花板边马赛克拱顶上可以清楚地看到一个浅浮雕，名为《法兰西守护着国王的睡眠》，其作者是尼古拉·库斯图

国王套间

L'appartement du Roi

"8点整，正在当值的王室首席侍从，

唯有他能在国王卧室内过夜，

此时已经穿戴完毕，由他叫醒国王。

随后，首席医生、首席外科医生和国王的护士都会进来。

护士会为国王擦洗身体，其他人则会帮忙擦干，

在此过程中会经常为国王换衬衫，

因为路易十四很容易出汗。

一刻钟后，王室大总管会被叫入国王的卧室，

在他缺席的情况下，当年的首席宫廷侍从则会被叫入卧室，

那些拥有进入国王卧室特权的贵族也会一起进去。"

圣西门，《回忆录》，1715年

右页图: 覆盖凹室墙壁和带天盖的御床的装饰织物细节，今天展出的这套装饰织物是20世纪下半叶在里昂制造的，以布龙和兰盖于1731年至1733年交付给王室家具贮藏室的华丽的锦缎为蓝本。这块锦缎的背景为深红色，上面绣有金线和银线。复制工程耗时长达四分之一个世纪，运用了普雷莱和塔西纳里·沙泰尔这两家里昂公司的专业技术

国王套间
L'appartement du Roi

"（1715年）8月28日星期三上午，

他（路易十四）亲切地告诉曼特农夫人（译者注：路易十四不公开的妻子）

不要再为他哭泣，

而曼特农夫人一句话都说不出来。

他告诉她，让他在离开她时感到安慰的是，

考虑到她的高龄（曼特农夫人当时已80岁），两人有望很快团聚。

早晨七点左右，路易十四召来了他的忏悔神父勒泰利埃谈论上帝。

路易十四从壁炉的镜子里看到他卧室内两个男孩正坐在他的床脚哭泣。

他对他们说：'你们为什么哭，

你们相信我是永生的吗？

至于我，我一点都不相信。

当你们到了我这个年纪，一定会做好失去生命的准备了。'"

☯

圣西门，《回忆录》，1715年

左页图：国王卧室的壁炉上方正中间的位置摆着一座由安托万·科伊塞沃克斯创作的路易十四的半身像。半身像周边有两个枝形大烛台，它们以前属于普罗旺斯公爵，他是路易十六的弟弟，未来的国王路易十八

国王的内室套间

L'appartement intérieur du Roi

路易十四将其内室套间内连在一起的多个房间用于展览自己收藏的油画。1735 年，路易十五决定将此处转为住所，在这里国王可以摆脱宫廷的繁文缛节，过上更平静的生活。法国当时最伟大的艺术家和工匠竞相参加国王内室套间的装修工程。路易十四和路易十五喜欢在这里和内阁大臣处理国事，或接见忠诚的臣子。

右页图： 1738年，路易十五将路易十四时代的台球室改建为他的新卧室。卧室大门上方是法兰西的路易丝·伊丽莎白的画像，她是路易十五的长女，后嫁给西班牙王子，最终成为帕尔马大公夫人。这幅画由让-马克纳迪耶绘制。路易十五于1774年5月10日在此驾崩，路易十六即位后在此生活到被迫离开凡尔赛宫返回巴黎的那一天，即1789年10月6日

上图: 国王卧室衣橱的细木护壁板上的精细的雕刻, 创作者是卢梭兄弟, 1788年交付给路易十六使用。这些雕塑表现的主题包括海军和艺术的象征(右上图和左下图), 左上方和右下方的两个浅浮雕是青铜镀金材质, 分别为《表演喜剧的爱神》和《秘密》, 它们为崖柏木瘤材质的衣橱门扇增添了光彩

上图：在卢梭兄弟打造的细木护壁板前有一把椅子，这是细木工匠福里奥家族打造的整套家具中的一件。这套家具大约于1770年完成，用于补充玛丽-安托瓦内特王后在舒瓦西城堡的陈设。1788年，部分家具被转移到路易十六的藏衣室

上图: 从国王的藏衣室窗口看到的雄鹿庭院景观

右页图: 在名为"狩猎归来"的餐厅里, 路易十五邀请那些陪伴他狩猎的人共进晚餐, 在这里可以暂时逃避那些繁文缛节。艾蒂安·莱瓦瑟尔打造的六斗柜曾被送往卢浮宫展出, 上面放着路易十六的半身像

第96页图: 摆钟柜面板上的木雕细节, 摆钟柜的名字来自内部安装的天文钟

第97页图: 1754年, 路易十五将这座无与伦比的钟安装在凡尔赛宫, 由工程师帕斯芒完成整体设计, 而机芯则由钟表匠多蒂奥花费12年的心血制造完成。封装机芯的青铜外壳由卡菲耶里根据路易十五选择的设计凿刻而成。它不仅仅是一座时钟, 更是一座艺术和科学纪念碑, 这座钟不仅可以指示时间、还能指示星期、月份和年份

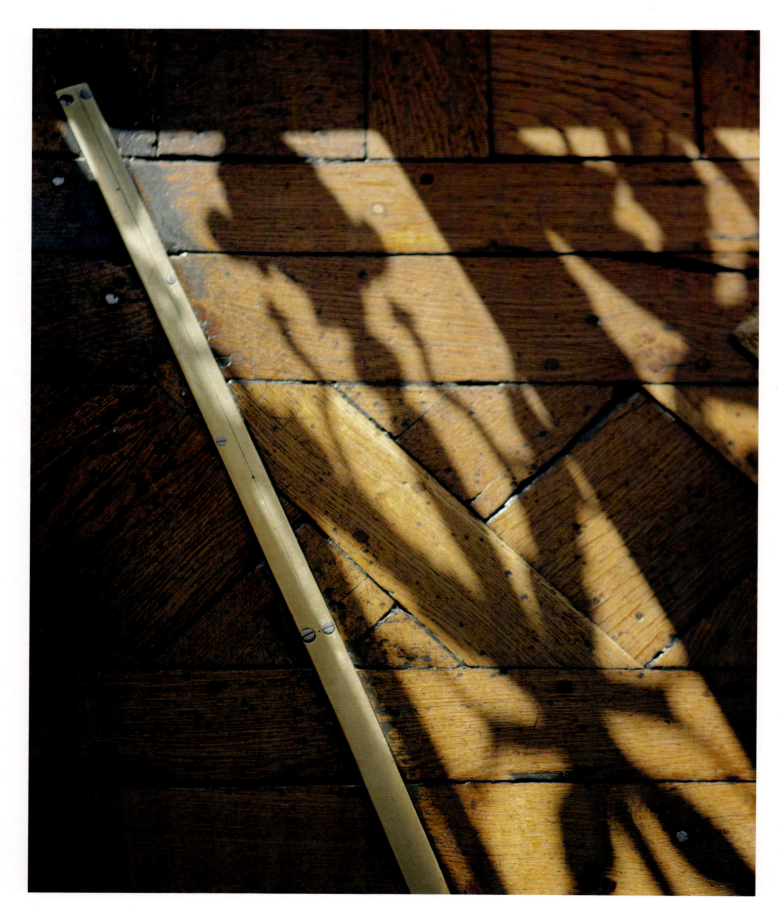

上图和右页图：路易十五对科学尤其是天文学感兴趣，这根铜棍就是最好的例子，它在摆钟室地板上的位置就是巴黎子午线的所在

国王的内室套间

L'appartement intérieur du Roi

路易十五的内部办公室，也被称为角落办公室，占据了路易十四油画室的部分空间。路易十五给这个明亮且光线充足的房间带来的变化最早可以追溯到 1735 年，那一年新修了一座红纹大理石材质的壁炉，壁炉上方挂着一面洛可可装饰风格的镜子，上面的雕刻由雅克·韦贝尔克及其团队完成。凡尔赛宫廷生活的观察者吕内公爵在他的《回忆录》中提到，1741 年，国王"几乎总是"在他的内部办公室内。事实上，路易十五喜欢这个周边都是豪华家具的地方。1739 年，安托万·戈德罗将他打造的一个华丽的纪念品存放柜交付给国王并被安置于此处。1755 年这里又添加了两个配套的墙角柜，这两件家具由吉勒·儒贝尔制造。因此，内部办公室被认为是凡尔赛宫最豪华的房间之一。1753 年，国王改变了房间的内饰：覆盖墙壁的深红色锦缎被木制护墙板所代替。这十块大护墙板被认为是凡尔赛宫最美丽的路易十五风格护墙板之一。1769 年，这间著名的"国王内部办公室"（即路易十五的内部办公室）又添加了新的家具。在路易十六时代，这个房间仍然是国王的工作场所，它装饰着国王、王后玛丽－安托瓦内特和先王们的肖像画。在纪念品存放柜上有一座青铜和陶瓷材质的枝形烛台，名为"美国独立"，这让人想起路易十六统治时期的亮点之一，和北美起义军联手对抗英国并获得胜利。事实上，路易十五将这个房间设想为休憩之所，但很快此处就挤满了面见国王的朝臣，以至于国王觉得有必要再建一间办公室。

左页图: 国王内部办公室的样子

路易十五要求他的办公桌能够保证他的文件既能得到私密保管，又不必总是要麻烦地收到抽屉锁起来。按照国王特殊要求定做的半圆筒办公桌由高级木器工匠厄本于 1760 年开始制造，由他的继任者里森纳在 9 年后完成。这张办公桌于 1769 年交付给国王，价值 62000 利弗尔。这是一件非凡的家具，这一点从它充满威严的名字"国王的办公桌"可以证明。这张办公桌的工艺质量也体现于它的隐藏机械装置上。只要将钥匙转动四分之一圈，就可以打开圆筒（译者注：实际上是圆筒外壳的四分之一，即办公桌上半部分的结构），并解锁所有抽屉。这就解释了为什么圆筒和抽屉都没有把手的原因，精巧的工艺结构让把手毫无用处。令人惋惜的是，因老化和碰撞而损坏的"国王的办公桌"在 19 世纪只得到了草率的修复，以至于今天必须将钥匙当作曲柄转动 10 次才能打开圆筒！

右页图：安放在国王内部办公室的"国王的办公桌"细节

上图: "国王的办公桌"全貌, 此时圆筒已经被打开。打开办公桌的锻铁钥匙上面装饰着交错的L字母。钥匙上本来还有一幅路易十五的珐琅微雕肖像画, 但在大革命时期被毁了

右页图: 在办公桌中央有一块活动板, 安装在左侧的铜质罗盘上, 打开后可以看到底部有三个隐藏的抽屉, 国王可以在这里安全地存放他的个人文件

上图及右页图: 国王内部办公室的纪念章存放柜及其装饰细节, 1738年由安托万·戈德罗制造

国王的内室套间

L'appartement intérieur du Roi

1780 年,来自凡尔赛宫的一个纪念章存放柜和两个墙角柜被存放于王家图书馆(译者注:法国国家图书馆的前身)。这些家具丰富了法国国家图书馆纪念章存放柜的收藏。直到 1960 年,这套非凡的家具才回到最初的位置,即凡尔赛宫国王内部办公室。

纪念章存放柜是意义非凡的家具,它的作用是保存路易十五统治时期所有的纪念章,而这些纪念章颂扬了国王的一系列成就,它由高级木器工匠安托万·戈德罗根据斯洛茨兄弟的设计于 1738 年制造的。这项设计很可能在制造前就得到了路易十五的首肯,因此这件家具体现了国王对于室内装饰艺术的品位。这个柜子的外形特点是装饰形式的多样性和镀金青铜装饰的丰富性,镀金青铜装饰包括纪念章、女人的面具和交叠的棕榈叶等。在柜子上方,我们可以看到名为"美国独立"的枝形烛台和塞弗尔工场为路易十六设计制造的两个花瓶。

对称置于纪念章存放柜两边的墙角柜由吉勒·儒贝尔于 1755 年交付给凡尔赛宫。它们的用途和纪念章存放柜相同——存放国王收藏的纪念章。墙角柜的设计不如纪念章存放柜那么有原创性,它们的正面有一个用镀金青铜材料雕刻的椭圆形奖章,奖章中心雕刻了几名儿童,象征着诗歌和音乐。上页图就是象征诗歌和音乐的那个墙角柜。

第108、109页图和右页图:1755年吉勒·儒贝尔制造的墙角柜

国王的内室套间

L'appartement intérieur du Roi

"像往常一样打猎后，国王在他的宾客名单上标记了我，

掌门官在门口宣读了该名单。

被标记的人慢慢地进去，通过小楼梯，我们进入了小房间……

上楼后，我们在小客厅里等待晚饭。

国王只和女士们一起落座。

餐厅很迷人，晚餐非常愉快，没有任何不适。

只有两三个藏衣室的仆人为我们服务，

他们在每个人面前放好各自需要的食品后就离开了。

在我看来，那里的自由和体面似乎得到了很好的体现：

国王是快乐的、自由的，

但总是带着一种令人难忘的威严。"

☯

克罗伊公爵，《未刊日记》，巴黎，1747年1月30日

左页图：从国王内部办公室望向大理石庭院所看到的景观

国王的内室套间

L'appartement intérieur du Roi

金餐具室的名字并非来自路易十六在此安置的"令人惊讶的家具"，他的祖父路易十五很喜欢在这里喝咖啡，他选择在这里展示御用金餐具。这间房子本来是路易十五的女儿阿德莱德夫人的内室。1753 年到 1757 年，雕塑家雅克·韦贝尔克用新的细木护壁板装饰它。阿德莱德夫人将其打造为音乐室，她在这里向哥尔多尼学习意大利语，向博马舍学习竖琴。1763 年 12 月，莫扎特在此受到路易十五和他的情妇蓬巴杜夫人的接见。他在此用羽管键琴举办了个人独奏音乐会。演奏会结束后，这位音乐神童想要亲吻国王宠爱的女人，但被她拒绝了。莫扎特曾被允许亲吻神圣罗马帝国王后奥地利的玛丽－特蕾莎，因此对蓬巴杜夫人的拒绝有些惊讶。

右页图: 幼年路易十五的大理石半身雕像，由安托万·科伊塞沃克斯创作，现在展出于国王的内室套间

上图和右页图：金餐具室展出的纪念章存放柜，于1788年交付给路易十六使用

金餐具室展出的纪念章存放柜于 1788 年交付给路易十六使用，它的用途被明确是因为在 1793 年 8 月 25 日到 1794 年 8 月 11 日的凡尔赛家具拍卖会上，它作为纪念章存放柜被纳入革命政府为拍卖凡尔赛宫家具而制订的《来自王室和贵族的家具和珍贵物品目录》上，这件家具被描述为"技术令人眼花缭乱，珍贵无比"，它独一无二，本身就是一件艺术品。大量珍贵精致的装饰细节几乎让人怀疑它作为存放柜的功能……在这里只需提及其面板上的装饰构成即可，来自安的列斯群岛的蝴蝶和鸟类的羽毛或翅膀嵌入蜡中，用于装饰这件家具。至少可以说，这是一种原创装饰，标志着用大理石马赛克装饰此类家具传统的突破。

1796 年，一家军队供应商以 3000 英镑的价格购买了这件家具，而 1793 年财产清单上估值为 15000 英镑！1876 年在伦敦拍卖，随后成为罗斯柴尔德家族的收藏。得益于捐赠法，它于 1986 年重返凡尔赛宫。

右页图：路易十六纪念章存放柜的细节

国王的内室套间

L'appartement intérieur du Roi

"……她（玛丽-安托瓦内特王后）
泡澡的时候穿着一件法兰绒浴袍，
扣子一直扣到脖子。
当两名服侍王后洗澡的侍女帮助王后走出浴缸时候，
王后要求侍女拿一条特别宽大的大浴巾围在浴室外面
以阻止其他宫女看到她的身体。"

❧

康庞夫人，《玛丽-安托瓦内特王后首席女总管康庞夫人回忆录》

左页图：国王财库室的细木护壁板上的细节

上图和右页图: 国王财库室的细木护壁板上的细节。这里过去是路易十五的浴室,路易十六在此处存放记录他个人开支的账本,故改名为财库室。这间屋子雕刻的装饰,运用了不同色调的镀金工艺(金银合金、金银铜合金、金铜合金),表明了装饰风格从路易十五统治末期到其继任者统治时期的发展和繁荣

玛丽-安托瓦内特的内部小房间

Les cabinets intérieurs de Marie-Antoinette

从17 世纪开始，王后除了拥有对大套间的使用权，还有多个私人小房间可供她使用。在路易十四时代，玛丽亚－特蕾莎王后仅有一个祈祷室和一个小客厅。随着时间的推移，房间的数量增加了。玛丽·莱辛斯卡，路易十五的王后，喜欢退居于她的内部小房间读书或者跟让－巴普蒂斯特·乌德利学习绘画。路易十六的王后玛丽－安托瓦内特将这些房间重新布置以赶上当时的时尚潮流。

右页图: 午休室一部大门上的门闩细节

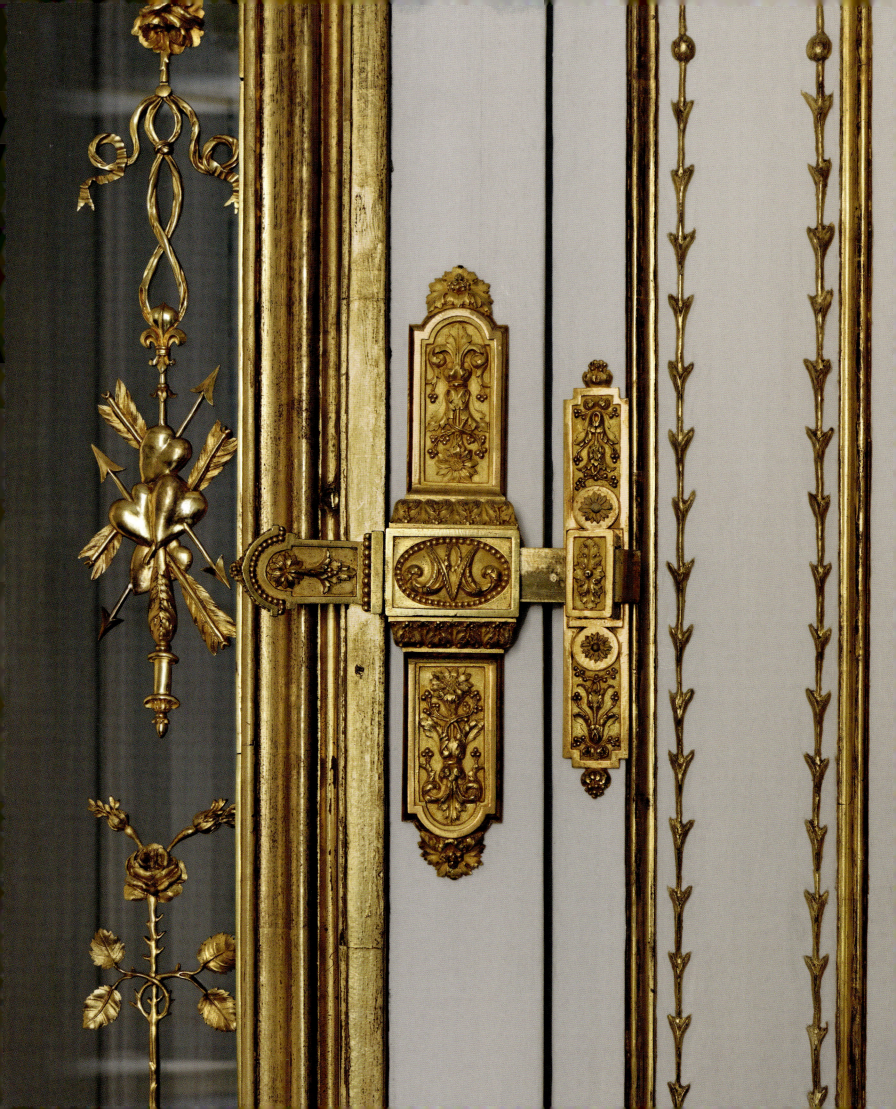

玛丽-安托瓦内特的内部小房间

Les cabinets intérieurs de Marie-Antoinette

"从格卢克（译者注：18世纪德国作曲家）

抵达法国的那一刻开始，

他就进入王后（玛丽-安托瓦内特）的衣帽间。

在他待在那里的所有时间里，王后都不停地和他说话。

有一天，她问他是否准备好完成他的大型歌剧《阿米德》

以及他是否对这本书满意。

格卢克用最冷的语气和德国口音回答她道：

'夫人，（这部歌剧）很快就会完成，这将是一部出色的作品。'

尽管表达方式很天真，

但他的预感最终还是得到了验证，

歌剧舞台上肯定没有比这本书产生更大的影响了。"

☉

康庞夫人，《玛丽-安托瓦内特王后首席女总管康庞夫人回忆录》

右页图：玛丽-安托瓦内特王后喜欢与孩子或密友一起在她的内厅即镀金厅打发时间。在那里，她向王后音乐总监格雷特里学习音乐，或者为画家维吉-勒布伦夫人摆姿势以便于画家作画。维吉-勒布伦夫人在王家保护人即玛丽-安托瓦内特王后的支持下，于1783年进入王家绘画和雕塑学院。目前房间的装饰可追溯至1783年。木制护壁板由卢梭兄弟根据王后最喜欢的建筑师里夏尔·米克的图纸制作。家具木匠乔治·雅各布制造的这套座椅本来就是为这个房间打造的。从护壁板到家具，包括优雅的青铜吊灯和壁炉的"火焰"，这个房间的装饰都用黄金烘托，因此得名镀金厅

玛丽-安托瓦内特的内部小房间

Les cabinets intérieurs de Marie-Antoinette

"她（译者注：指玛丽-安托瓦内特王后）

喜欢所有能让人平静和激发遐想的事物，

所有与年轻女性的交谈并让年轻的公主们得到消遣的欢乐。

这里（指王后的居所）有推心置腹的友谊，有家庭避风港，

有精神上完全信赖的亲密聊天。

她在这里把自然当成朋友，以树林为知己，

目光和思想在这样的视野下逐渐迷失……"

❧

埃德蒙·德·龚古尔和儒勒·德·龚古尔，《玛丽-安托瓦内特的历史》

左页图：镀金厅的竖琴的细节，这座竖琴由于让-亨利·纳德尔曼打造

玛 丽－安托瓦内特王后的漆器的命运总是令人惊奇。确实，这些漆器与 1793 年 10 月 16 日被送上断头台的人形成了鲜明的对比。由于历史的偶然或讽刺，这些物品在法国大革命中毫发无伤。国王王后夫妇于 1789 年 10 月 6 日离开凡尔赛宫，之后再也没有返回过那里。这次被迫离开后，玛丽－安托瓦内特要求艺术品经销商达盖尔收集当时陈列在镀金室的漆器。其中大部分都陈列在列瑟纳应王后之命交付的九层玻璃柜中。有些，比如躺着的小狗，被放置在壁炉周边的一张桌子上。1789 年 10 月 10 日，达盖尔的手下利涅罗前往凡尔赛，编制了一份包含 68 件藏品的清单。因为列瑟纳制作的"漆器的笼子"在 1793 年 8 月至 1794 年 8 月的凡尔赛家具拍卖会上被出售，所以这些漆器从 1794 年起被转移到中央艺术博物馆，即后来的卢浮宫博物馆。这些漆器的来源很多元，有献给王后的漆器，有她本人购买的漆器，还有从她的母亲玛丽－特蕾莎皇后那里继承的漆器，因为王后于 1780 年去世时，向玛丽－安托瓦内特遗赠了她自己的藏品。

左页图: 这个3层方形盒子有4条弯曲的腿，是玛丽-安托瓦内特的漆器收藏的一部分。装饰的镂空处展示了装饰盒子每层上的几何图案
上图: 18世纪末的一份清单将王后的这件漆器描述为一只猫。实际上它是形状像一只小狗的盒子，躺在茶几上。这件漆器于1777年在拍卖会上被高级财政官员兼富有的收藏家兰登·德布瓦赛购买并转卖给王后

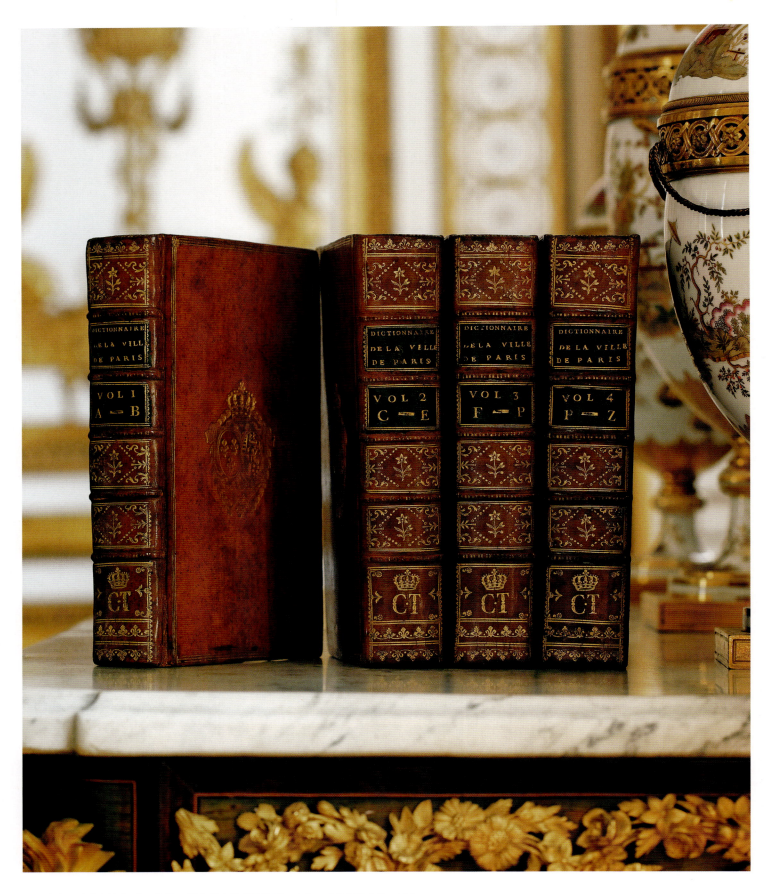

上图：来自王后书房的书，字母缩写CT指的是这些书是特里亚农宫王后书房藏书的一部分

右页图：陈列于玛丽-安托瓦内特王后镀金厅的塞弗尔工场制造的瓷花瓶。瓷花瓶上的装饰是由让-弗朗索瓦·莱科制作的，属于18世纪70年代正在欧洲兴起的"中国风"样式

上图和右页图：原玛丽·莱辛斯卡王后（译者注：路易十五的王后）的诗人厅。玛丽-安托瓦内特王后在此安装了描绘自然风光的细木护壁板，上面涂有巴黎马丁兄弟发明的清漆。装饰的图像主要描绘了田园场景，它们是从当时去世不久的路易十六生母——太子妃萨克森的玛丽-约瑟夫的私人小房间转移至此处的

玛丽-安托瓦内特的内部小房间
Les cabinets intérieurs de Marie-Antoinette

"我不想等到贡比涅之后才向您报告我的阅读情况。

我读《莱斯图瓦勒回忆录》已经有一段时间了。

这是法国查理九世、亨利三世和亨利四世统治的个人日记。

我日复一日地在这本书中看到当时发生的一切，

善行和恶行，法律和习俗。

我在书中找到宫廷人员的姓名、职位，甚至是家庭出身。

我仍然读《母亲写给女儿的信》和《女儿写给母亲的信》；

他们很有趣，他们有极强的原则性和良好的道德。"

《玛丽-安托瓦内特王后1772年7月17日写给她母亲玛丽-特蕾莎皇后的信》

右页图: 玛丽-安托瓦内特书房的细节

Left page (map):

Munster
Mayence
Vorms
Verdun
Spire
Metz
Srasbourg
Toul
Fribourg
Bale
Langres
Dijon
Besançon
Lausane
Chalon
Autun
S. Claude
Macon
Lyon
Vienne
Grenoble
Embrun
Le Puy
Valence
Die
Gap
Vaison
Sisteron
Digne
Gledoues
Vivier
Orange
Senez
Vence
Mende
Carpentras
Cavaillon
Rodez
Alais
Uses
Avignon
Rie
Aix
Grasse
Vabres
Lodeve
Nismes
Marseille
Toulon
Pons
Agde
Montpellier
Toulon

ALLEMAGNE
ITALIE

Right page (title page):

ÉTRENNES,
MIGNONES,
CURIEUSES ET UTILES,
Avec plusieurs augmentations
& corrections,
POUR L'ANNÉE
MIL SEPT CENT SOIXANTE-O

A PARIS,
Chez PIERRE-FRANÇOIS,
rue des Noyers, v

M. DCC.

Avec Approbation.

左页图和上图：1771年《新年历书：有用的、稀奇的、好玩的事汇编》的原书样本，这本书属于当时还是太子妃的玛丽-安托瓦内特。这是一本年历，其内容辑录了当年的信息、建议、趣闻逸事和其他笑话

上图：适用于竖琴、吉他、钢琴等多种乐器演奏的乐谱手稿汇编。这部手稿是献给皮埃蒙特王妃即法兰西的克洛蒂尔德夫人的，她是路易十六的妹妹、夏尔-埃曼努埃尔·德·萨瓦（皮埃蒙特王子和撒丁王国国王）的王后

右页图：王后书房部分区域的景象。这个房间是1772年为当时还是太子妃的玛丽-安托瓦内特布置，7年之后她当上了法国王后之后翻修她的书房。这个书房有一面墙是假的，是用假精装书壳遮掩的门。右页图这扇门是微微开启的样子

"阿图瓦伯爵夫人（译者注：路易十六的弟媳）

于6日3点45分顺利地生下了孩子：

她只经历了三次剧烈的疼痛，而且总共只分娩了两个小时。

我一直在她的房间里：亲爱的母亲，

我知道我告诉您我看到一个不是我的继承人的诞生而感到痛苦是没有用的，

但我最终还是无时无刻不关心产妇和新生儿。

亲爱的母亲，您愿意接受因为惹您生气而感到抱歉的女儿的热烈问候吗？"

《玛丽-安托瓦内特1775年8月12日写给她母亲玛丽-特蕾莎皇后的信》

午休厅是一个八角形的房间，有朝向特别的侧门，让女仆可从卧室前往其他房间而不打扰王后。王后通常在这里午休，因此这个小房间被称为午休厅。1781年，在玛丽-安托瓦内特王后终于生下王太子后，这间房间改用新的木制品装饰。

右页图：午休厅的木制护壁板由卢梭兄弟设计，本身构成了一种意义丰富的装饰。玫瑰花茎沿着造型延伸，孔雀是朱诺（译者注：即希腊神话中宙斯的妻子赫拉的拉丁名）女神的象征，象征着国王和王后的爱情

左页图: 半边靠墙的蜗形脚桌子上是诺曼底公爵路易-夏尔勒的半身像, 他是路易十六和玛丽-安托瓦内特的次子, 在他兄长逝世后继任王太子。这个蜗形脚桌子于1781年为纪念长子路易王太子的诞生并为布置王后的午休厅而制造, 但这位王太子于1789年6月逝世

左上图和右下图: 1781年交付的蜗形脚桌子的细节。左上图的圆形雕饰表现的是光轮中的海豚, 周边是燃烧的心脏, 这幅图暗示着1781年10月22日国王王后夫妇对翘首以盼的王太子出生的喜悦(译者注: 海豚代表王太子, 是因为法语里面两个词同形同音, 都是dauphin)

左下图: 雅各布于1785年交付给凡尔赛宫的椅子的细节, 椅子的扶手是按照狗头的样式装饰的。这把椅子不乏具有想象力的设计

右上图: 一块细木护壁板上的装饰细节

左页图和上图: 还在当太子妃的时候,玛丽-安托瓦内特就收到了这个在维也纳制造的木化石材质桌面的独脚桌。这是太子妃的姐姐玛丽-克里斯汀娜女大公赠送的礼物。大革命时期这张桌子被普通法国公民格林古尔以820利弗尔的价格获得。1966年,这张桌子在更换多个主人之后,得益于尼埃勒伯爵的遗赠,才得以重返凡尔赛宫

王后的小套间

Le petit appartement de la Reine

玛丽－安托瓦内特在凡尔赛宫一楼拥有另一套面积较小的套间，小套间包含三个主厅、一个卧室、一个浴室和一个书房。小套间在 19 世纪曾被路易－菲利普国王摧毁，除了书房其他房间在 20 世纪都得到重建。王后的大套间位于楼上，王后从楼上前往小套间需要从国王走廊走，然后从一个小楼梯出来通向今天的大理石前厅。

右页图：王后小套间中的卧室。墙上挂着路易·奥古斯特·布兰创作的油画，上面画的是玛丽－安托瓦内特王后骑在马上，但画上的王后并没有装扮成女骑士，只是女扮男装地跨坐在马鞍上

王后的小套间

Le petit appartement de la Reine

"至于我们的宫廷，王后完全统治着它。

的确是财政总监内克尔先生自己做主，将重建法国海军的德萨尔丁纳先生解职，

并任命卡斯特里先生接替海军大臣的位置，

但是王后的意见战胜了首相德·莫里帕先生的意见，

德·莫里帕本打算让德·皮伊赛居尔先生担任战争大臣，

但最终于1780年12月23日任命了德·塞居尔先生。

总的来说，毫无疑问，她不会对部长和主要职位的任命产生重要影响。

同样，所有人都围绕着王后本人和她的社交圈子转，

当时圈子里的代表人物有波利尼亚克公爵夫人等人。

这个社交圈子是和谐的、美好的，人们都说好。

国王似乎也更加钟情于王后。

后来，王后怀孕了，

她的声望到达了巅峰，她的社交圈子也是如此。"

克罗伊公爵，《未刊日记》，1780—1782年

左页图：陶土材质的昂古莱姆公爵路易·安托万·德·阿图瓦(1775—1844)幼年时的半身像。路易·安托万是阿图瓦伯爵的儿子，路易十六的二弟，未来的查理十世。1824年，昂古莱姆公爵成为法国最后一位王太子。在镜子中，我们可以看到1784年维吉-勒布伦夫人创作的一幅画的倒影，画面上的人物是国王和王后的两个最年长的孩子

第152页图：王后小套间的浴室里路易十六床上的刺绣缎子被子的细节，被面上绣有交织在一起的代表国王和王后的字母图案

第153页图：这张床于1785年被安放在贡比涅城堡路易十六的浴室中，次年又被转移到枫丹白露宫国王的浴室中。这是极少数保存至今的1789年之前的国王御床。这是布拉尔制造的波兰床。从18世纪中叶起，人们更加注意身体卫生。洗澡会减少排斥反应——扩张皮肤毛孔，以前认为洗澡会促使身体外部的有害物质传输到身体内部。从此以后，定期洗澡的习俗逐渐在法国流行，尽管过程非常缓慢，但大势已定。在当时欧洲国王的寝宫里，还专门修建了沐浴后休息的房间。因此，路易十六的床揭示了18世纪末的卫生习惯

左上图和右下图： 王后小套间浴室细木护壁板上细节。左上图表现的是一只鳌虾，右下图则是两只天鹅在水盆中饮水

右上图和左下图： 路易十六御床的细节。右上图是顶饰，而左下图则是由奥雷雕刻的御床立柱上贝壳浮雕细节

上图:浴室细木护壁板上装饰的细节。这个装饰的设计构思完美地贴合了浴室功能,我们可以看到一只天鹅,两侧的灯芯草,贝壳和珍珠

国王情妇的套间

Les appartements des maîtresses royales

1744 年在沙托鲁夫人去世后，蓬巴杜夫人代替了她在路易十五心中的位置，她在国王的大套间的楼上占据了一个套间。1751 年，蓬巴杜夫人成为国王的秘密顾问，她搬到了一楼居住。杜巴里夫人从 1769 年到 1774 年国王去世时成为路易十五最后一位官方情妇，她被安排在凡尔赛宫三楼由原国王书房改建的套间中，王太子曾于 1765 年至 1767 年居住于此。

右页图: 这间角房是路易十五的情妇杜巴里夫人的游艺厅

第158页图: 杜巴里夫人书房的细节，这里最初于1756年布置和装修、当时的主人是路易十五的女儿阿德莱德夫人

第159页图: 通向角房的一系列房间的景观，中间经过杜巴里夫人所居住套间的大厅

国王情妇的套间

Les appartements des maîtresses royales

"杜巴里夫人很快被确认为国王的情妇，

她因此拥有了蓬巴杜夫人的套间，位于国王大套间的上方，

在此之前这个套间一度由维尔基耶公爵拥有。

这个套间和国王住处通过大理石庭院右侧的楼梯相连接，

但真正的入口与一条狭窄和阴暗的楼梯相连。

虽然这个套间比凡尔赛宫许多个套间都要宽敞，但很不方便，

因为许多房间必须在天阴的时候点燃蜡烛照明。"

埃泽克伯爵，《路易十六时代宫廷年轻侍从的回忆录》，1873年

右页图：杜巴里夫人的伙伴沙龙里的镀金胡桃木椅子。这把椅子的底架和靠背都带有椭圆形装饰，木料出自细木工德拉诺瓦之手。椅子的布料与原装的布料没有任何关系。这把椅子有时会被三种不同的面料装饰，由供应商向国王的情妇展示，以便她可以选择自己喜欢的面料。然而，事实并非如此！面料的选择是根据提供给赞助者、国王情妇或其他人的样品提前选择的。如果需要确保所选择的织物和椅子的木材搭配和谐，软垫师傅会展示已经覆盖布料的家具

上图: 石膏材质的杜巴里夫人半身像, 这是19世纪根据帕若原作制作的复制品
右页图: 杜巴里夫人用来饲养鹦鹉的装饰有陶瓷花朵的铜制鸟笼

上图：第二门厅的蓬巴杜夫人的大理石壁炉。镜子折射出蓬巴杜侯爵夫人的画像，画中的她装扮成狩猎女神狄安娜的样子，这是画家让–马克·纳捷于1746年创作的

右页图：按照1748年的布置复原的蓬巴杜夫人卧室，其中路易十五时代的家具是通过多个捐赠渠道回到凡尔赛宫的。触目可见的这张形状特别的桌子被称为"在勃艮第"，这是温莎女公爵的遗产。床被放在凹室内，凹室之外的细木护壁板则是韦贝尔克的作品

王太子和太子妃的套间

Les appartements du Dauphin et de la Dauphine

自从路易十四移居凡尔赛宫，王太子和太子妃的套间一直由王位继承人优先使用，第一个使用这个套间的王太子是路易十四的长子，然后是路易十五的长子。接下来，路易十六先将此套间给他的弟弟及其夫人即普罗旺斯伯爵夫妇居住。1787 年，伯爵夫妇将此处交还给年满 6 岁的王太子居住，但由于他 1789 年就病逝了，这个套间又被转给了他的弟弟，即新任王太子也就是未来的路易十七居住。

右页图：路易十五之子路易王太子 (1729—1765) 的卧室，这间卧室用路易王太子的原配夫人——西班牙公主玛丽亚-特蕾莎·拉法埃拉 (1726—1746) 的画像来装饰，这幅画的创作者是路易-米歇尔·范洛。这位年轻公主在结婚一年后就早逝了，她的离世深深折磨着王太子

王太子和太子妃的套间

Les appartements du Dauphin et de la Dauphine

"太子妃，娘家姓萨克森，嫉妒心很重……

王太子当时和耶稣会神父走得很近，

因此受到他妻子的密切监视。

他本来想引诱美丽如天使的贝尔桑斯侯爵夫人当他的情人；

他又相中了为了取悦他而生的泰塞侯爵夫人（出身诺瓦耶公爵家），

但他每次都在开始行动的时候就被太子妃搅散了。

（我曾经）几次进入王太子的内室，

对于他要求我澄清的情况，

我能够做出判断。

我看到太子妃坐在一台织布机前，

在一个只有一扇窗户的小房间里刺绣，

王太子将这里当作他的书房。

他的桌子上摆满了最好的书籍，每八天更换一次。"

☉

迪福·德·舍韦尼，《路易十五、路易十六统治时期以及法国大革命回忆录》，1886年

17世纪，王太子的书房和他的内部办公室是同一间房间，然后依次作为路易十四时期的王太子的卧室，以及路易十五的王太子结婚前的卧室。1747年，它被一分为二，一侧是王太子的内部办公室，另一侧是王太子的书房。这两个房间虽然远离举办典礼的大厅，但彼此相连，这让年轻夫妇在宫廷礼节之外保持了一定的亲密感。王太子和太子妃对彼此非常依恋，总是确保两个房间之间的门半开着。

右页图：路易十五的王太子的书房。这个房间既是他的工作场所，又是休闲场所。这位法国王室继承人是虔诚信徒中的佼佼者，因此他的书房装修是简朴的……书房中央的平板办公桌于1756年交付

左页图: 钟表匠马丁在巴黎用染成绿色的牛角制作的挂钟, 这个挂钟于1750年交付给凡尔赛宫, 紧挨着太子妃内室的镜子
上图: 在细木护壁板上挂着的油画名为《秋天》, 这是让-巴蒂斯特·乌德里于1749年为这个房间绘制的四季画之一

左页图：太子妃内室局部。细木护壁板上涂有马丁清漆，因此拥有类似日本漆器的光泽感
上图：在太子妃内室的家具中，有由戈德罗制作的抽屉柜和由著名的橱柜制作师贝尔纳·范·里森伯格制作的带斜板的写字台。这些家具是为第一任太子妃玛丽亚-特蕾莎·拉法埃拉制作的。从1747年起，王太子的第二任配偶萨克森的玛丽·约瑟芬 (1731—1767) 继续使用这些家具

上图: 安装在太子妃卧室内的波兰床

右页图: 带有法兰西王国国徽的精美地毯, 编织于1760年到1770年之间。这是一件稀有的艺术品, 因为从色彩上看, 它完全保留了最初的明亮和光彩。这张地毯最初于路易十五统治末期被交付给枫丹白露宫, 2008年被凡尔赛宫获得

历史画廊

Les galeries historiques

1830 年，复辟的波旁王朝大势已去，凡尔赛宫的命运可以说是成疑的。一些人主张摧毁凡尔赛宫，而另一些人则打算将凡尔赛宫的房屋改建为农学院的校舍。1833 年，法国国王路易－菲利普决定拯救凡尔赛宫：在此处建立一座国家历史博物馆，专门展示"法兰西的所有辉煌"。1837 年 6 月，这位"公民国王"主持了法国第一座历史博物馆的落成典礼。

右页图：弗朗索瓦·格扎维埃·温特哈尔特于1841年创作的路易－菲利普全身肖像。法国国王的肖像被陈列在战役画廊，该画廊是于1837年落成的法国历史博物馆的中心展厅

历史画廊
Les galeries historiques

"这个展厅（1792年厅）是现代荣耀真正的起点……

这里展示的是真正的国王理念——1792年那些穿着普通制服的优秀的士兵，

他们将在未来超越（欧洲的）国王们。

因此，穿越1792年厅的人谁敢对未来失望？

这是给法兰西上的最崇高、最生动的一课，

法兰西将引以为荣。"

让·瓦杜，《凡尔赛宫》，巴黎，1837年

右页图: 1792年厅用那一年所有杰出的法国将军的肖像装饰，首先是路易-菲利普国王本人，在科涅特的画笔下，他穿上少将的制服。他曾在法国革命军杜穆里埃将军麾下服役，因此他参加了1792年的瓦尔密战役和杰马佩斯战役。波旁王朝复辟时期，他委托画家奥拉斯·韦尔内重新演绎了这两场战役。作为宣传作品，绘制这些作品的目的是将这两场战役描绘为路易-菲利普带来的胜利。1792年房间的装饰也是为了让人回想起路易-菲利普支持法国大革命和共和制度的过去，这是他根据1830年宪章行使真正的立宪王权的保证

第180页图: 库尔创作的拉法耶特侯爵画像。拉法耶特侯爵因为在美国独立战争 (1775—1783) 和法国大革命头两年表现出色而被称为"两个世界的英雄"，但在1792年的军事行动中却表现平平。1792年8月10日，他遭到国民议会弹劾，几天后又被宣布为叛国者。随后，他抛弃了法国军队转而向敌军寻求庇护。1830年革命时，他给奥尔良公爵即路易-菲利普以支持。这或许可以解释为什么他的画像被选中并出现在1792年厅里

第181页图: 门上方是1792年拿破仑·波拿巴的肖像画，当时他担任科西嘉第一营中校军官，这幅画由菲利波托创作

历史画廊
Les galeries historiques

"路易-菲利普在凡尔赛宫所做的一切都很好。

他完成了这件壮举（指修建法兰西历史博物馆），

就像国王一样伟大，

像神父一样公正，

他在君主制的宏伟建筑物上创造了一座国家纪念碑，

他将伟大的理念刻画在伟大的建筑物上，

他把现实建立在历史上，

他把1789年和1688年（的法国历史）放在一起，

让皇帝进入国王的宫殿，让拿破仑进入了路易十四的住所；

总而言之，他将法国历史的杰出著作包上了豪华的精装书壳，

著作名为凡尔赛宫。"

◎

维克多·雨果，《已编页散论集 Ⅲ》，1834—1837

左页图：从加冕厅望向王后楼梯的景观

"陛下，

当您最后一次造访凡尔赛宫的时候，

您在随行的陪同人员面前亲自讲述了您设想的计划。

您说过，在不剥夺卢浮宫收藏的绘画雕塑

以及今天法国王室所有的古代和近代器皿的前提下，

您希望凡尔赛宫能够向整个法兰西展示法国历史记忆的集萃，

所有代表国家荣耀的纪念品都放置在那儿，

象征着路易十四的辉煌。"

《国王财产总监卡米耶·德·蒙塔利韦给国王的报告的副本》，
1833年9月1日路易—菲利普批复同意

右页图：《阿布基尔战役》画作的细节，1799年7月25日，作者是安托万—让·格罗，现在加冕厅展出

历史画廊
Les galeries historiques

1833 年，法兰西历史博物馆项目启动之初，就计划建造一个战役画廊。这个画廊从 1837 年 7 月 10 日落成后展品原封不动地保存至今，战役画廊一共展出了 33 幅油画。第一幅画表现的是克洛维于 496 年赢得的托尔比亚克战役。最后一幅表现的是 1809 年拿破仑率军击败奥地利军队的瓦格拉姆战役。除了四幅油画，战役画廊展出的所有画作都是路易－菲利普国王订购的。而这些油画表现的历史事件都不是随意的。这些油画主题的选择不仅体现了国王的意愿，更体现了国王的政治纲领，那就是通过法国军事胜利的史诗，让 1789 年以前的旧制度法国和 1789 年之后的革命法国和解并建立起历史连续性。国王财产总监蒙塔利韦阐述了一些路易－菲利普为战役厅挑选展出油画的原则："他希望画中的人物形象与画家想要描绘的时代完全一致，他还希望画中事实的表现同样忠实于历史。"

左页图: 从入口望向战役画廊的图景

第188页图: 画廊拱顶上方圆屋顶的细节，可以看到一个椭圆形的浮雕上雕刻着L和P两个字母，即路易–菲利普的代表字母

第189页图: 从中央柱廊望向战役画廊的图景。图中半身雕像属于那些曾经在法国青史留名的军事指挥官

"七月王朝政府，

邀请如此多的人参加在凡尔赛宫举办的节庆，

却忘记邀请政府赖以生存和发财的普通民众……

无论是在共和时代的庆典上，

还是在帝国的隆重庆典上，

抑或是在复辟的周年庆典上，

都不乏这种听命于人的热情、空洞的言辞、夸夸其谈的预言，

而这些都无法确保这些不同的政权再多维持一个小时！"

☽

《世纪报》
（译者注：19世纪的一份报道政治、文学和社会经济话题的日报）

右页图：让·阿洛于1837年创作的《1677年3月17日法王路易十四率军攻克瓦朗谢讷城》。在油画前方，是科尔托创作的盖布里昂伯爵让–巴普蒂斯特·比德（1602—1643）的半身像，他曾担任法国元帅

VALENCIENNES PRIS D'AS...
PAR LE ROI (LOUIS XIV
17 Mai 1677.

历史画廊
Les galeries historiques

约 1095 年，在克莱蒙会议上，教宗乌尔班二世呼吁发动十字军东征，他鼓励西欧各王国的骑士们去征服圣地和基督教的发源地耶路撒冷。4 年后，第一次十字军东征结束，十字军攻占了耶路撒冷，并建立了若干个东方拉丁国家。从 12 世纪到 13 世纪末，西欧基督徒又组织了七次十字军东征。1270 年结束的第八次十字军东征并没有标志着十字军东征理念的终结，实际上在欧洲，组织十字军东征的想法一直延续到 15 世纪。

随着时间的推移，关于十字军东征的历史编纂学即对十字军东征历史的书写，一步步被构建起来。路易十四时代是十字军东征历史书写活跃的时代，比较有代表性的著作就是路易·曼堡神父撰写的《为了拯救圣地的十字军东征史》，而到了启蒙时代，十字军的形象急转直下。

19 世纪初情况发生变化。一部故事背景被设在第三次十字军东征时期的名为《马蒂尔德》的小说获得巨大的成功。于是，一些历史学家对十字军东征产生了兴趣，他们抓住机会推出了新的历史著作。比如约瑟夫·米肖撰写了一部名为《十字军东征史》的里程碑式著作，这部书第六版出版于 1841 年。路易 – 菲利普创建的法兰西历史博物馆中的多个以十字军东征为主题的展厅就是在十字军东征历史再发现的时代语境下设立的。这些展厅的设立同样是为了满足国王的政治需求：一方面和仍然忠于被废黜的波旁王朝的正统派达成和解，另一方面是为了和那些祖先曾参加十字军东征的古老法国家族的后裔拉近关系。

右页图：十字军东征第二展厅中一面墙的细节。在左上角，这是爱德华·奥迪耶为布洛涅的厄斯塔什绘制的肖像，他是戈德弗鲁瓦·德·布永的兄弟，十字军占领下的耶路撒冷的首任君主（译者注：但他拒绝了国王的头衔）。下面两幅画分别表现的是1109年十字军攻克贝鲁特和1102年十字军获胜的雅法战斗，最后一场战役的指挥者是博杜安一世（译者注：他是厄斯塔什·德·布洛涅和戈德弗鲁瓦·德·布永的亲兄弟），他被加冕为耶路撒冷王国的首任国王（1100年至1118年在位）。右是维克托·施内茨创作的《阿斯卡隆战役》的细节，1099年8月12日法兰克军队在此战役中击败了一支企图收复耶路撒冷的埃及军队

第194、第195页图：装饰众多曾经参加十字军东征的贵族家族纹章的天花板的细节

EUSTACHE III
COMTE DE BOULOGNE + 1125.

PRISE DE BARUTH
(17 Mai 1100)

COMBAT DE JAFFA
(1102)

ALX. SERRUR.

Croisades

Croisades

RAYMOND
COMTE DE TOULOUSE

LOUIS VII LE JEUNE

GUILLAUME DE CHARTRES,
GRAND-MAÎTRE DE L'ORDRE DU TEMPLE
1217.

GIRARD DE LEZAY.
1240.

GEOFFROY LE RATH,
GRAND-MAÎTRE DE L'ORDRE DE S'JEAN DE JÉRUSALEM
1204.

ADAM DE SARCUS.
1240.

GILLES DE LANDAS.
1202.

GUILLAUME DE MESSEY.
1240.

1248.

HERVÉ CHRÉ

GUILLAUME DE KERGARIOU

GEOFFROY DE BOHAIN

左页图和上图：菲利普·德维利埃·德·利斯勒–亚当的雕像，他是第四十四任马耳他骑士团大团长，法国大革命之前，这座雕像陈列在巴黎圣殿区马耳他骑士团修道院内。大团长雕像的背后，是拉里维埃尔1842年的作品《1565年9月被奥斯曼帝国将军穆斯塔法率军围困的马耳他岛成功解围》

王家歌剧院

L'opéra royal

王家歌剧院的建设计划早在路易十四 1682 年将法国宫廷迁到凡尔赛宫的时候就提上日程了，但因为开销过大一直被推迟，直到路易十五统治末期才付诸实施。只有王孙举行婚礼的需要才促使路易十五决心建造歌剧院。这项工程由国王首席建筑师安日－雅克·加布里埃尔负责。1770 年 5 月 16 日王家歌剧院举办了盛大的王家庆典作为它的落成仪式。这一天，未来的路易十六和奥地利女大公安托瓦内特在此举行婚礼。

右页图: 面向蓄水池一侧的歌剧院立面外观, 此处位于凡尔赛宫主建筑北翼, 图中右侧就是主建筑的边缘

王家歌剧院
L'opéra royal

"我去看了新剧场，

在众多工人的努力下，它已经完工。

这是我看到的第一座受到普遍赞誉的建筑，

这主要应当归功于加布里埃尔先生。

它比普通的建筑更高雅，具有最丰富、最完美的细节。

它的装饰品和整个建筑，与我儿子向我展示的附属物，在我看来都是令人赞美的。

剧院上方的高度和下方的深度，以及机械的细节都令人惊叹。

这些共同造就了这座富丽堂皇的剧场，它可以用来举办所有的盛典。

王家歌剧院的造价一定异常昂贵，

但人们对它的实际花费一无所知。"

克罗伊公爵，《未刊日记》，1770年4月22日

右页图: 王家歌剧院的天花板油画，表现的是《阿波罗给文艺女神加冕》，1768年由画家迪拉莫根据订单创作

第202、第203页图: 从包厢俯瞰舞台，舞台的框架非常宏伟：宽13米多一点，高近11米，面积为740平方米。在1875年加尼耶宫落成之前，凡尔赛王家歌剧院的舞台一直是欧洲最大的舞台之一

上图和右页图: 为了满足路易十五的要求, 加布里埃尔不得不放弃在豪华包厢上方加装华盖的计划。为了保护个人隐私, 国王要求他的首席建筑师为他设计一个带栅栏的国王包厢。虽然锁匠罗什制作的原装栅栏已经消失, 但1957年这套栅栏的仿制品被成功制造出来。包厢的阿拉伯式装饰是路易·韦尔内根据建筑师夏尔·德·瓦伊的设计图纸复原的

第206、207页图: 从歌剧院舞台望向观众席, 观众席上的装饰是由奥古斯丁·帕茹雕刻的。在舞台中轴线的对面, 天花板下是加布里埃尔的王家包厢、在半圆形拱廊隔间的下方。我们可以辨认出国王包厢, 加布里埃尔为了满足国王的期望, 并没有在半圆形隔间直接设置国王包厢

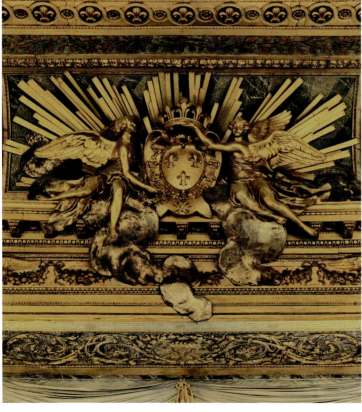

左页图: 望向拱廊隔间的图景, 其外形被修建成了教堂半圆形后殿的形状, 这样的设计巧妙地打破了柱廊的连续性。这种建筑风格使国王包厢显得雄伟壮观, 这在欧洲剧院中是绝无仅有的

左上图: 是国王姓名起首字母组成的图案, 代表路易 (Louis) 的两个字母L缠绕在一起, 上面有一顶王冠

右上图: 望向带栅栏的国王包厢和剧场入口的景观

左下图: 帕茹用硬质纤维板雕刻的法国国王纹章

右下图: 装饰二楼包厢栏杆的十四个缪斯女神之一

王家歌剧院
L'opéra royal

"有一个国家拥有世界上最美丽的剧院……

但这美丽的秩序、这些设施和装饰，

以及在观众看来如此迷人的一切，

都不如那些观众看不到的东西更值得赞叹。

实际上，那些观众看不到的东西所营造的舞台给观众带来了享受，

我所说的是剧院的后台、下方，

以及舞台上空的布景位置，

这里有人们能想象到的、最大的、最好的机械装置。

这些剧场舞台的附属物难道就不是记忆、设计和深思熟虑的地方吗？

而利用这些机械演出的剧目就像意识和行为一样。

在这里，我们比在其他任何地方都更能体会到一系列组合带来的深意，

包括令人惊叹的剧院装饰和演员入场式，

诸神和强大的解放者从高处降下走向结局，

恶魔和怪物从地狱涌出，

喷出熔炉般的火焰，

随意吞没宫殿、

叛徒和幽灵。"

保罗·瓦莱里：转引自安德烈·雅皮，《凡尔赛宫王家歌剧院》，1958年

左页图：国王小客厅的图景，它和国王包厢位于同一层
第212页图：高处的长廊可通向歌剧院的休息室
第213页图：连接歌剧院不同楼层的一部楼梯的图景

马　厩

Les écuries

法国大革命前夕, 国王马厩及其附属建筑饲养着大约 2250 匹马。其中大马厩是儒勒·阿尔杜安－芒萨尔于 1679 年到 1680 年修建的, 这里是马车长廊的所在地。而马车长廊的展品则是由路易－菲利普国王挑选的, 他将法国前任国王或皇帝财产清单中有历史价值的马车全部集中于此处展出: 其中包括拿破仑一世的四轮双座篷盖婚礼马车, 运送路易十八遗体的枢车, 查理十世加冕礼使用的四轮华丽马车……

右页图: 大马厩内部图景, 从2003年起, 巴尔塔巴斯创建的凡尔赛马术表演学院也设立于此
第216页图: 1740年法国制造的名为 "塞壬" 和 "芦苇" 的两部雪橇
第217页图: 法国王室的马车车身上的法兰西王国徽章, 其历史可以追溯到18世纪下半叶

上图和右页图：1825年查理十世前往兰斯加冕时乘坐的四轮华丽马车。1853年这辆马车被修复，其外部装饰也被改变，因为拿破仑三世计划乘坐它前往加冕礼。外部装饰改变的主要例证就是马车车厢顶部的刻有大写字母N的椭圆形浮雕（译者注：N是拿破仑Napoléon单词词首字母），而在车厢顶部边缘，有象征波拿巴王朝的鹰饰

马　厩

Les écuries

"6月3日晚上，

凡尔赛宫的大马厩发生了一起非常大胆的盗窃案。

所有马衣和马铠都被偷走，被盗物品价值超过5万埃居。

国王当时在凡尔赛宫，

偷窃非常隐秘以至于在有人居住的房子里都没有人注意到，

而且在如此短暂的一夜里，所有的东西都被拿走了，

没有人知道这件事。

国王马厩总管阿马尼亚克公爵（译者注：实为伯爵）勃然大怒，

他的所有下属同样恼火。

他们前往各条道路盘查，

搜查了巴黎和凡尔赛宫，但都徒劳无功。"

☉

圣西门，《回忆录》，1699年

右页图：小马厩入口门廊上方矗立着一辆由三匹马拉的马车雕塑，由路易·勒孔特雕刻于17世纪。今天，国王的小马厩是雕塑和造型长廊所在地，拥有5000件展品

凡尔赛宫花园

Les jardins du château

凡尔赛宫的花圃和树林占地大约 80 公顷，这里有 450 多座雕像、花盆和其他雕塑。这里是全世界最大的露天雕塑博物馆。凡尔赛宫花园的另一大独创之处是其巧妙的引水系统，其长达 35 千米的水管为 55 个喷水池和 600 个喷泉供水。

左页图: 应路易十五指示而建设的凉厅, 位于小特里亚农花园内, 由安日-雅克·加布里埃尔设计

第224、225页图: 南花圃部分景观, 可以通过花圃上的曲线图案辨认出来

左页图: 舞厅丛林采用洛可可风格镀金铅制火炬作为装饰, 由勒诺特尔于1680年代早期设计

上图: 酒神林荫道和农神林荫道通向花园南部的丛林。两个和林荫道同名的水池为丛林增添了活力。酒神巴克斯象征着秋天。在马西兄弟创作的这座镀金铅制雕塑中, 酒神被多个半童半羊外形的森林之神围绕着

凡尔赛宫花园
Les jardins du château

"我们必须直接走向拉托娜水池边的高地，
并停下来思考拉托娜、蜥蜴、
斜坡、雕像、王家林荫道、阿波罗和运河，
然后转过身来看看花圃和凡尔赛宫。"

路易十四，《展示凡尔赛宫花园的方式》

拉托娜水池（第 230、231 页）的雕刻丰富而精美，这些雕刻讲述了一个受奥维德《变形记》启发的故事，该故事源于希腊神话。女神拉托娜和她的孩子戴安娜和阿波罗来自利西亚，利西亚位于今土耳其南部的古希腊地区。他们受到农民的责难和侮辱后，拉托娜为了保护她的孩子并向农民复仇，呼唤神明惩罚这些农民。朱庇特听到了情妇拉托娜的呼唤，将不敬虔的农民变成了青蛙和蜥蜴。最初，1670 年，马西兄弟将拉托娜和她的孩子们的大理石雕像群安装在一块岩石上，女神面向凡尔赛宫。在 1687 年至 1689 年间，拉托娜水池进行了改造：拉托娜和她的孩子们的雕像被放置在圆形底座上，面向十字大运河。有些人在这个故事中看到了对投石党人运动（译者注：1650 年前后法国贵族和高等法院法官反对王权的政治运动）的影射，这些麻烦发生在路易十四登基后的最初几年。拉托娜女神指的是国王的母亲、摄政王太后奥地利的安妮；幼年阿波罗指的是幼年路易十四；侮辱神灵的农民变成青蛙或蜥蜴，暗示反叛王权的臣民遭到惩罚。

右页图：一些青铜雕像点缀着两个长方形水池的石栏，而南方水池则由两个孩子环绕着的爱神青铜雕像装饰着
第229、230页图：在通往拉托娜水池的楼梯上，游人可以欣赏到凡尔赛宫的壮丽景观，一直可延伸至王家林荫道、阿波罗水池和十字大运河

左页图：凡尔赛宫廊柱的细节，这是一个直径长达32米的巨型大理石围廊，由儒勒·阿尔杜安-芒萨尔从1684年开始建造

上图：弗朗索瓦·吉拉尔东于1699年完成的《冥王普路托掳走普罗斯庇娜》组雕的复制品

凡尔赛宫花园

Les jardins du château

"首先值得注意的是，

由于太阳是国王的象征，而诗人又把太阳和阿波罗混为一谈，

所以在这间极好的房子里，

没有任何东西与这位神灵有关；

因此，

我们在那里看到的所有雕像和装饰品，都不是随意摆放的，

它们要么与太阳有关，

要么与摆放它们的特定位置有关。"

安德烈·费利比安，《1674年凡尔赛宫概述》，收录于《国王订购的油画和其他艺术品概述文集汇编》，
书商塞巴斯蒂安·马布雷–克拉莫伊的遗孀印刷出版，巴黎，1689年

第234、235页图：阿波罗水池和丛林是根据于贝尔·罗贝尔的设计于1776年开始布置的。石窟完全是人工建造的，由承包商泰弗南用切割过的石头建成
右页图：由吉拉尔东和勒尼奥丹创作的阿波罗被特提斯仙女们侍奉的群雕细节，这组群雕于1776年被安放在阿波罗水池的石窟中。这组雕像最初是为了装饰特提斯
石窟而定做的。它于1676年交付，8年后被安放在花园的底部，因为当时路易十四下令毁掉石窟
第237、238页图：环绕恩克拉多斯水池重新种植的树林

凡尔赛宫的橘园

L'orangerie du château

凡尔赛宫的第一座橘园由弗朗索瓦·勒沃建成于 1661 年。这座橘园在凡尔赛宫花园南北两翼的改建工程中未能幸免，于 1681 年被毁，取而代之的是一座新的橘园。新橘园由儒勒·阿尔杜安 – 芒萨尔于 1683 年至 1687 年间建造。它的大小在当时的法国和欧洲都是独一无二的。

右页图: 为了躲避冬天的寒冷，装在箱子里的灌木（橘子树、柠檬树、桃金娘树、石榴树等）被搬进了橘园的温室

左页图和上图：《冥王普路托掳走普罗斯庇娜》，弗朗索瓦·吉拉尔东创作的雕像。这个雕像被认为是他的杰作之一，也是路易十四委托多名艺术家装饰凡尔赛宫花园的"大订单"的一部分

凡尔赛宫的橘园

L'orangerie du château

与之前勒沃设计的橘园一样，儒勒·阿尔杜安－芒萨尔建造的橘园也背靠斜坡。这两座橘园的结构采用了独创的建筑原理：一条长廊由两翼回旋横跨。第二座橘园的大小令人印象深刻：长廊长155米，深12米，而两翼长114米。儒勒·阿尔杜安－芒萨尔设计的建筑以巨大的规模、简洁的装饰和完美的立体感而著称。橘园虽然是一座建筑设计上的纪念碑，但它在实现其设计功能即冬季为室内植物提供保护上，也毫不逊色。橘园由石块砌成，半埋于地下，可抵御寒冷的北风和东风，其大窗户可让正午的阳光照射进来。橘园的墙壁厚度在4米到5米之间，这意味着室内温度可以保持在5度到8度之间。然而，为了保护不耐寒冷的灌木，冬季需要给橘园供暖。

右页图： 在长廊的一端，一个石龛里安放着贝尔尼尼创作的路易十四骑马雕像，这位雕塑家的故事也值得一说。1665年6月，意大利人吉安·洛伦佐·贝尔尼尼（他在法国被称为骑士贝尔尼尼）应路易十四的邀请来到巴黎。贝尔尼尼既是画家，又是雕塑家，还是建筑师，以才华闻名整个欧洲。国王要求他完成卢浮宫外观的设计，特别是面向欧塞尔人圣日耳曼教堂的东侧立面外观设计。最终，贝尔尼尼的柱廊设计方案被否决，法国建筑师夏尔·佩罗的设计方案胜出，后者得到了1664年担任国王建筑总监的科尔贝尔的支持。贝尔尼尼在巴黎逗留期间留下的作品，根据保罗·弗雷亚特·德·尚特卢写于17世纪的日记所述，包括一尊路易十四27岁时的半身像和这尊路易十四骑马雕像。这尊路易十四骑马雕像可能是科尔贝尔在1665年左右向贝尔尼尼定做的，原本计划放置在卢浮宫与杜伊勒里宫之间的空地上。1680年贝尔尼尼去世时，这尊雕像还在他位于罗马的工作室里。贝尔尼尼的作品最终于1685年被带到法国。路易十四在凡尔赛宫看到了这件作品，但他非常不满意。于是他决定将雕像放到瑞士人水池之外。但在转移这尊雕像之前，国王请雕塑家弗朗索瓦·吉拉尔东对雕像进行了修饰，雕像上的国王不再是古装打扮，而是罗马人马库斯·库提乌斯为拯救国家策马跃入深渊的形象

凡尔赛宫的橘园
L'orangerie du château

"我还注意到，他（路易十四）并没有像往常一样去看他的喷泉，

也没有在这些花园里散步，

而是一直沿着橘园的栏杆来回走动。

从那里返回城堡的路上，

他可以看到国王建筑总监的宅邸，

卢瓦不久前（1691年）在那里去世，那里是凡尔赛宫橘园一侧原南翼的尽头，

他每次回到城堡都会不停地向那里张望。"

圣西门，《回忆录》，1715年

右页图: 随着晴好天气的到来，橘园花圃上特别栽种成几何图案的精修灌木与从温室里搬出来的箱子里的树融合在一起

第248、249页图: 橘园花圃景观。远处的瑞士人水池因主要由瑞士近卫团开凿而得名，今天这个水池已不再是凡尔赛宫的一部分，因为它被通往圣西尔的公路分隔开来

凡尔赛宫的橘园

L'orangerie du château

"路易十四的凡尔赛宫，

这个如此破败不堪、品位低下的作品，

在花园内的水池和树丛的整体重新布置中耗费了如此多的黄金，

但它还是无法完工。

在这么多层层叠叠的沙龙中，

既没有剧院，也没有宴会厅，更没有舞厅，

前后左右都还有很多事情要做。"

ꙩ

圣西门，《回忆录》，1715年

左页图：橘园花圃雪景

大特里亚农宫

Le Grand Trianon

特里亚农宫于 1687 年根据路易十四的意愿建造，它取代了原本已建成的第一座特里亚农宫，第一座特里亚农宫因其装饰材料又被称为陶瓷宫。新的特里亚农宫刚建成就因其美丽的花园而闻名于世。路易十五为特里亚农宫添置了新的建筑，其中包括小特里亚农宫。路易十六把新建的小特里亚农宫送给了玛丽－安托瓦内特。19 世纪以来，大特里亚农宫比凡尔赛宫得到了更多的青睐，拿破仑选择将这里作为皇室的度假胜地。在经历了复辟时期（1814-1830 年）的黯淡之后，七月王朝国王路易－菲利普及其家人成为大特里亚农宫的常客。

左页图: 圆柱沙龙通向大特里亚农宫的接待室。在大特里亚农宫，各个房间的名称仍与路易十四喜爱的娱乐活动相呼应: 音乐厅、游艺厅、纳凉室⋯⋯

左页图: 细木护壁板上的镜子是为路易十四设计的, 这个房间也因此被命名为镜子沙龙。路易十四住在特里亚农宫时, 经常在这个房间召开御前会议。木质镶板的典雅庄重与玛丽-艾梅莉王后卧室的装饰风格非常和谐。其中部分家具是雅各布-德斯马尔特为拿破仑的第二位王后玛丽-路易丝打造的, 玛丽-路易丝王后将这个房间用作书房

上图: 镜子沙龙中一个大烛台底座的细节。这是皇帝在杜伊勒里宫大办公室内一座大烛台的复制品, 制作于20世纪60年代。戴高乐决定将特里亚农宫改造成接待外国君主和元首的地方

上图: 玛丽-艾梅莉王后的房间最初是为拿破仑第一任王后约瑟芬设计的, 但约瑟芬王后从未来过大特里亚农宫。只有拿破仑于1810年迎娶的玛丽-路易丝王后曾住在这里, 床边的栏杆就是为这位王后制作的

右页图: 玛丽-艾梅莉王后卧室中的床以其特有的形式讲述了法国历史的沧桑剧变。这张床来自杜伊勒里宫, 1809年在那里被交付给拿破仑使用。路易十八居住在杜伊勒里宫 (波旁王朝复辟后宫廷所在地) 时曾使用过它, 他于1824年9月16日在这张床上驾崩。路易-菲利普 (1830—1848年在位) 将这张床给他的妻子玛丽-艾梅莉王后使用。这张床的靠背上还留下了法国历代政权更迭的痕迹: 徽章形装饰顶端的棕榈叶和百合花是拿破仑皇帝 (1804—1814年, 1815年3月—1815年6月在位) 时期的作品, 而丰饶之角和叶子装饰则是路易十八 (1814年5月—1815年3月, 1815年7月—1824年9月在位) 时期的作品, 同一时期, 徽章上的皇冠装饰还被改为王冠装饰。路易-菲利普登基后对这张床做了其他改动: 他的姓名起首字母L和P交织组成的图案被添加到了徽章的中心, 路易十八统治时期添加的圣米歇尔勋章和圣灵勋章被去掉, 取而代之的是其他图案 (花环等)

上图：博杜安1809年为玛丽-艾梅莉王后的卧室安放的梳妆台，约瑟芬从来没用过它，只有奥地利公主玛丽-路易丝用过，她被迫嫁给了法国的牛头怪（译者注：牛头怪即拿破仑，牛头怪指的是希腊神话中克里特岛的牛头食人怪物米诺陶，当时欧洲正统派对拿破仑的蔑称）。椅子是路易-菲利普时代的物品，白色的护壁板则是路易十四时代的装饰。这些护壁板按最初设计应该是镀金的，但太阳王（路易十四）统治末期持续不断的战争导致镀金在预算上不可行。这些装饰的简洁风格见证了路易十四统治末期品位和风格的变化，王家礼拜堂也完美地诠释了这一点

右页图：这款由橱柜制造商维尔纳制作的抽屉柜在1819年工业产品展览会上引起关注。它被安置在玛丽-艾梅莉王后的卧室里。塞夫勒瓷器工场制造的瓷瓶描绘了拿破仑漫步在波茨坦无忧堡花园的情景，这座城堡最早的主人是普鲁士国王腓特烈二世（1712—1786），拿破仑非常仰慕他

左页图: 君主的卧室, 展示了马松制造的蜗形脚桌子, 上面摆放着两个拿破仑三世统治时期的塞夫勒瓷器工场制造的花瓶

上图: 君主卧室中抽屉柜的细节, 该卧室被称作比利时王后的卧室是不恰当的, 因为这个房间从未被分配给比利时王后。这个蜗形脚桌子也是马松的作品, 他从路易十四时代著名的橱柜设计师安德烈-夏尔·布勒的风格中获得了灵感

左页图: 领主厅展出的圆桌细节。其柚木桌面直径达2.8米，是法国波旁王朝复辟时期打造的最大的桌子之一

上图: 这条长廊被称为科泰勒画廊，里面陈列着让·科泰勒的21幅绘画作品。吊灯和底座是第一帝国时期安装的。这些画构成了一个完整的系列，即凡尔赛宫和特里亚农宫园林风景画，所有作品都创作于17世纪末，展示了路易十四时期凡尔赛宫的园林景象

第264、265页图: 这条凉廊，或者说是柱廊，既体现了建筑师儒勒·阿尔杜安-芒萨尔的才华，也反映了路易十四的意愿。这座为大特里亚农宫增光添彩的优雅的柱廊被称为"大理石城堡"。它在庭院和花园之间创造了一种巧妙的连续性，一种虚拟的透明感，赋予了城堡非常精巧的特性。路易十四将大特里亚农宫视为一个梦幻般的度假胜地，他喜欢在这里与家人一起放松身心，远离宫廷礼仪的束缚

小特里亚农宫

Le Petit Trianon

小特里亚农宫是新古典主义风格的杰作，由国王首席建筑师安日－雅克·加布里埃尔于 1762 年至 1769 年建造。这里是路易十五的休闲寓所，最初是根据蓬巴杜夫人的建议建造的。但是，蓬巴杜夫人于 1764 年去世，当时小特里亚农宫还未建成，因此她未能入住。1774 年，路易十六将小特里亚农宫的所有权交给了他的妻子玛丽－安托瓦内特，同时转交的还有一把镶嵌了 531 枚钻石的万能钥匙。玛丽－安托瓦内特王后对这里的记忆比其他任何地方都更加深刻，1867 年，拿破仑三世的妻子欧仁尼王后在这里设立了一座小型博物馆，专门用于纪念"断头王后"（译者注：即玛丽－安托瓦内特，她于 1793 年被处决）。

左页图： 客厅的一把椅子

小特里亚农宫
Le Petit Trianon

"王后多次来小特里亚农宫小住，而且一住就一个月，

她在那里建立了一套宫廷生活的模式。

当她进入大厅时，女士们不会停止钢琴演奏或绒绣手工，

男士们也不会暂停台球或三脚猫游戏……

国王和王子们经常来这里吃晚饭，

而公主们的唯一服装就是白色珍珠纱裙、纱巾和草帽。"

☙

康庞夫人，《玛丽-安托瓦内特王后首席女总管康庞夫人回忆录》

右页图: 客厅里华丽的细木护壁板是奥诺雷·吉贝尔为路易十五设计的，证据就是护壁板上的多个椭圆形浮雕内有两个L交织组成的图案，这是路易十五的姓名起首字母。家具则是塞内和福里奥兄弟的杰作。安乐椅和壁炉隔热屏是1771年为杜巴里夫人在圣于贝尔城堡的房间制作。左上角看到的带护罩的烛台吊灯可能是托米尔按照玛丽-安托瓦内特王后的要求为这个客厅专门制作的。大革命期间这个烛台吊灯曾被出售，但后来被拿破仑所收购，而且拿破仑并不知道灯笼与已故王后之间的联系

第270、271页图: 伊丽莎白·路易斯·维热-勒布伦创作的玛丽-安托瓦内特王后肖像，被称为《手持玫瑰的玛丽-安托瓦内特》，是王后最著名的肖像画之一。画中的玛丽-安托瓦内特王后在小特里亚农宫花园的私密环境中，显得既朴素又高贵，远离宫廷的繁文缛节和流言蜚语

小特里亚农宫

Le Petit Trianon

"我看到了一片迷人的沙漠

品味描绘出的画卷；

我曾见过一座花园，它是如此受人吹捧

艺术在模仿它时超越了自然……

可爱的特里亚农宫，如此多样的体验

你激发了爱的灵魂

走进你的绿荫，我仿佛看到了

光影下的幸福居所……"

☾

"骑士"贝尔当，《小特里亚农宫花园》

右页图: 从王后卧室的窗户望向爱神神庙。这座爱神殿由米克建于1778年, 殿中央是布沙东1750年创作的著名雕像的复制品, 名为《爱神用赫拉克勒斯的狼牙棒打磨弓》, 这尊雕像是路易十六统治时期被放置在这里的

左页图: 王后卧室中一把椅子的细节

上图: 王后的卧室里摆放着一套独一无二的家具, 拥有极具原创性的乡村装饰风格。根据文件记载, 这些家具被称为格栅风格或穗状风格家具。这些家具是乔治·雅各布于1787年交付给王后, 安置她在小特里亚农宫的卧室。雕刻装饰是特里盖和罗德的作品。根据工匠的回忆录, 木材是上过漆的, "呈现出自然和真实的颜色"。椅背顶部装饰着多个可爱的松果, 顶部和两侧装饰着惟妙惟肖的花环, 填充椅背的织物是德法尔热在里昂绣制的条格麻纱, 原件被幸运地保存至今, 非常罕见。这种面料正是王后钟爱的刺绣面料。1793年10月, 就在玛丽-安托瓦内特被处死的前几天, 这张椅子被卖掉了, 这是对历史的辛辣讽刺。1945年, 凡尔赛宫购回了卧室内部分原装家具, 但御床除外, 因为它不是原装的

小特里亚农宫
Le Petit Trianon

"巴黎许多公馆的室内装饰已经非同一般了，

但小特里亚农宫的陈设和它们相比，其特点与其说是华丽，不如说是典雅。

客厅里装饰着油画，卧室里布置着薄纱，

上面的刺绣和色彩的鲜艳程度让最有经验的画笔也望尘莫及。

一些玛丽-特蕾莎皇后子女的肖像画

让玛丽-安托瓦内特王后回到了她原生家庭的怀抱

（译者注：玛丽-安托瓦内特王后是奥地利公主，玛丽-特蕾莎皇后是她的母亲），

在小特里亚农宫，因为没那么多华丽的装饰，

王后找到了更多的幸福。"

☉

埃泽克伯爵，《路易十六时代宫廷年轻侍从的回忆录》，1873年

右页图： 王后的小客厅是1776年专门为玛丽-安托瓦内特设计的，是小特里亚农宫王后套间中最私密的房间。1787年，玛丽-安托瓦内特委托默克莱恩设计了一套移动镜子系统，这些镜子从地下升起，形成双重镜面效果，并封闭了房间的两个出口，其中一个出口通向门廊，另一个则通向花园。默克莱恩设计的系统于1985年得到重建

上图和右页图：国王卧室里的波兰床可以追溯到18世纪。床的立柱上饰有狮子头。床上铺着深红色和白色的锦缎床罩，这种床罩被称为"中国和谐风格"，其图案与1768年被交付给路易十五的一件织物非常相似

小特里亚农宫
Le Petit Trianon

上图: 小特里亚农宫大楼梯的美杜莎头像装饰是由奥诺雷·吉贝尔在路易十五统治末期雕刻的。它似乎在说"禁止讨厌鬼入内"

右页图: 小特里亚农宫的大楼梯由路易十五的首席建筑师安日-雅克·加布里埃尔设计。它引人注目的铸铁栏杆是布罗乔瓦锻造的, 展现出新古典主义风格

小特里亚农宫的花园

Les jardins du Petit Trianon

小 特里亚农宫的花园点缀着三座建筑，哪怕其中规模最小的建筑，其无与伦比的魅力也丝毫没有被掩盖。最小的建筑名为观景阁或悬岩厅，由里夏尔·米克建造，得名于一座人造悬岩，边上瀑布飞流直下。1778 年，从观景阁俯瞰小湖，小湖引出一条小溪，溪水蜿蜒流向爱神神庙，爱神神庙的圆顶由 12 根科林斯式圆柱支撑。最后，1750 年建成的法国亭是安日·雅克-加布里埃尔的作品，它采用了路易十五本人助力发展的洛可可风格。

第282、283页图: 小特里亚农宫的四个立面风格迥异，但在俯瞰法式花园的立面设计中，安日·雅克-加布里埃尔巧妙地重新诠释了意大利文艺复兴时期建筑师安德烈亚·帕拉迪奥的风格
右页图: 观景阁的内部装饰采用阿拉伯风格的灰泥彩绘图案

上图：观景阁，新古典主义装饰的休憩亭是米克于1778年为玛丽-安托瓦内特王后设计的，亭子的八扇门窗上方交替设置了三角门楣和浅浮雕。四扇窗户上方的浅浮雕图案象征四个季节的女神的形象，而四扇门上的门楣上雕刻的是四个季节的产物

右页图：观景阁内圆形的天花板，中央有一座烛台吊灯

左页图及上图: 美景宫墙壁彩绘装饰的细节, 所描绘的场景轻松活泼、生动有趣, 体现了这个场所的休闲性质

左页图: 位于爱神神庙中心的布沙东原创雕塑的细节, 今天陈列于此的是1778年至1780年穆希制作的仿制品
上图: 在按照玛丽-安托瓦内特王后的品位布置的英式花园的衬托下, 爱神殿显得格外引人注目

小特里亚农宫的花园

Les jardins du Petit Trianon

"一位君王总是在最严格的宫廷礼仪枷锁的束缚下示人，

如果能够退隐到某个僻静的居所，

以减轻自己因维持威严而增加的负担，

这对君王而言难道不自然是件惬意的事吗？"

☉

埃泽克伯爵，《路易十六时代宫廷年轻侍从的回忆录》，1873年

右页图：法国花园亭，俗称法国亭，由加布里埃尔于1749年至1750年建造，被认为是洛可可建筑风格的典范。除了墙壁装饰，法国亭客厅的地面上还铺设了由各种大理石组成的地板；包括白色脉纹大理石、朗格多克产石榴色大理石、康庞产绿色大理石等

DARDANUS

TRAGÉDIE LYRIQUE

En quatre Actes

Représentée pour la premiere fois devant leurs Majestés
à Triannon le 18 Septembre 1784. et par l'Académie
Royale de Musique le 30 novembre suivant.

MISE EN MUSIQUE

PAR

M^R. SACCHINI.

A PARIS

Chés l'Auteur rue basse du Rempart N° 17.
Chés le S^r. Sieber rue S^t. Honoré N° 92
Et aux adresses ordinaires
A.P.D.R.
Gravée par G. Magnian rue S^t. Honoré vis-à-vis la Barriere des Sergents

小特里亚农宫的花园
Les jardins du Petit Trianon

"像当时在几乎所有法国乡村那样，

（宫廷成员）轮流上台表演喜剧的想法，是遵循玛丽-安托瓦内特王后的意见，

她认为生活在特里亚农宫，没有任何娱乐活动，生活难免枯燥。

除了阿图瓦伯爵外大家都同意，

剧团不允许年轻人入场，

观众只有路易十六国王、王弟普罗旺斯伯爵和没有上台表演的公主们；

但为了让演员们更活跃一些，

二楼包厢将由女观众占据，包括王后的侍女和女官，

以及她们的姐妹和女儿们：这大约有四十人。"

康庞夫人，《玛丽-安托瓦内特王后首席女总管康庞夫人回忆录》

第294页图：《达尔达努斯》是萨基尼创作的四幕抒情悲剧，于1784年9月18日在特里亚农宫为国王和王后演出

第295页和左页图：王后剧院由里夏尔·米克建于1780年。这是一家私人剧院，王后只邀请王室成员和她的密友观看演出。剧院的内部装饰也同样考究，尤其是照亮了舞台的镀金纸塑雕塑，以及幕布上的镀金纸塑花环。天花板上的油画是让-雅克·拉格勒内创作的《阿波罗、缪斯女神和美惠三女神》的复制品

1780年6月1日，特里亚农宫的王后剧院举行落成典礼，首先演奏由王家音乐学院的德佩奥先生作曲的《特里亚农宫剧院开幕序曲》。随后，巴黎歌剧院、法兰西喜剧院和意大利喜剧院的剧团也前来为王后及法国宫廷演出。在上演的剧目中，格卢克创作的《陶里德的伊菲涅》大获成功，格卢克曾是玛丽－安托瓦内特的音乐老师。王后想亲自登台演出，喜剧演员达赞库尔来教她发音和表演。同时，王后还从她的"社交圈"中招募了一个小剧团，成员包括波利尼亚克伯爵夫人和路易十六最小的弟弟阿图瓦伯爵。1780年8月1日，王后率她的小剧团在王后剧院为国王和几位特邀嘉宾上演了第一部戏剧，即塞代纳的《不速之客》。

上图：王后剧院天花板拱门细节，饰有玛丽－安托瓦内特王后姓名起首字母徽章，即A和M交缠在一起

右页图：剧院天花板的油画是让－雅克·拉格勒内原作的复制品

第300、301页图：从小特里亚农宫的法式花园看到的法国亭

王后的小村庄

Le hameau de la Reine

由多个茅草屋顶组成，散落在湖泊周围。尽管这是当时欧洲"回归自然"时尚的一部分，但玛丽－安托瓦内特王后并不满足于在这里体验牧羊女的生活。她在这里建立了一个货真价实的农场，由一位农夫经营，他负责将农场的产品运送到凡尔赛宫的御用厨房。

右页图：马尔博罗塔得名于18世纪末路易十六的王太子的乳母普瓦特里纳夫人带动流行起来的歌曲《马尔博罗参战》。在马尔博罗塔部分被植被掩盖的基座边有一个渔场，塔后面的房子是牛奶厂

第304、305页图：小村庄西端的农场入口

王后的小村庄

Le hameau de la Reine

"其中一间茅草屋顶的农舍是牛奶房，

白色大理石桌上叠放的瓷瓶里盛着奶油，

奶油的香气混合流经牛奶房的小溪的水汽，沁人心脾。

隔壁是真正的畜牧场，

玛丽-安托瓦内特王后在那里饲养了一群极好的瑞士奶牛，

它们在周围的牧场上吃草。"

埃泽克伯爵，《路易十六时代宫廷年轻侍从的回忆录》，1873年

右页图：牛奶房内带水龙头的水槽的细节，水龙头被装饰成公山羊头的形状

第308、309页图：最初，王后的小村庄有两个牛奶房，一个用于制作奶制品，另一个用于清洗。第一个牛奶房在法国大革命期间被洗劫一空，随后在第一帝国时期被摧毁。这是第二个牛奶房的内景，这间房子于1811年至1818年间得到修复。大理石桌子是布瓦夏尔的作品，这座牛奶房的藻井平顶运用了透视法技巧因而展现出立体感。在喷泉和窗户下面，可以看到多个较小的大理石桌。这些是王后要求放置塞弗尔瓷器厂制造的牛奶罐的搁板吗？带水龙头的水槽位于其中一张桌子前的壁龛中，它的底座由两只海豚组成

上图: 王后小村人工湖中的睡莲
右页图: 年轻农民的半身像, 18世纪的雕塑

王后的小村庄

Le hameau de la Reine

"在特里亚农宫花园的尽头，河的两边有无数茅草屋，

这些茅草屋外表看起来具有乡土气息，

但内部却很优雅、精致。

在这个小村庄的中央，

有一座被称为马尔博罗塔的高塔，在塔上可以俯视着周围的一切。

塔外的楼梯两旁种满了丁香和天竺葵，

就像空中花圃。"

埃泽克伯爵，《路易十六时代宫廷年轻侍从的回忆录》，1873年

右页图：王后小村庄的磨坊。木制水轮完全是装饰，而且（磨坊边的）英格兰河今天已经干涸

参考书目

Arizzoli-Clémentel, Pierre et Samoyault, Jean-Pierre, *Le Mobilier de Versailles, Chef-d'œuvres du XIXᵉ siècle*, Dijon, Faton, 2009.

Arizzoli-Clémentel, Pierre (dir.), *Versailles*, Paris, Citadelles & Mazenod, 2009, 2 vol.

Arizzoli-Clémentel, Pierre, *Le Mobilier de Versailles : XVIIᵉ et XVIIIᵉ siècles*, Dijon, Faton, 2002, t. 2.

Baulez, Christian, *Versailles, deux siècles d'histoire de l'art*, Versailles, Société des amis de Versailles, 2007.

Baulez, Christian, *Visite du Petit Trianon et du Hameau de la Reine*, Versailles, Artlys, 2007.

Deslot, Thierry, *Le Hameau de la Reine. Une journée avec Marie-Antoinette*, Levallois-Perret, Maé éditions, 2005.

Gady, Alexandre (dir.), *Jules Hardouin-Mansart (1646-1708)*, Paris, éd. de la Maison des sciences de l'homme, 2010.

Gaehtgens, Thomas W., «Le musée historique de Versailles», dans Nora, Pierre (dir.), *Les Lieux de mémoire*, Paris, Gallimard, 1986, t. II, *La Nation*, vol. 3, *La Gloire, les mots*, p. 143-168.

Gaehtgens, Thomas W., *Versailles, de la résidence royale au Musée historique*, Anvers, Fonds Mercator, 1984.

Gousset, Jean-Paul et Masson, Raphaël, *Versailles. L'Opéra royal*, Versailles, Château de Versailles / Artlys, 2010.

Himelfarb, Hélène, «Versailles, fonctions et légendes» dans Nora, Pierre (dir.), *Les Lieux de mémoire*, Paris, Gallimard, 1986, t. II, *La Nation*, vol. 2, *Le territoire, l'État, le patrimoine*, p. 235-292.

Jacquet, Nicolas, *Versailles secret et insolite*, Paris, Parigramme, 2011.

Japy, André, *L'Opéra royal de Versailles*, s.l., Comité national pour la sauvegarde du château de Versailles, 1958.

Les Laques du Japon. Collections de Marie-Antoinette, catalogue d'exposition par Monika Kopplin avec un essai de Christian Baulez, Paris, RMN / Versailles, 2001.

Léonard-Roques, Véronique (dir.), *Versailles dans la littérature. Mémoire et imaginaire aux XIXᵉ et XXᵉ siècles*, Clermont-Ferrand, PU Blaise Pascal, 2005.

Meyer, Daniel, *Le Mobilier de Versailles : XVIIᵉ et XVIIIᵉ siècles*, Dijon, Faton, 2002, t. 1, «Les meubles royaux prestigieux».

Newton, William Ritchey, *Derrière la façade. Vivre au château de Versailles au XVIIIᵉ siècle*, Paris, Perrin, 2008.

Pérouse de Montclos, Jean-Michel, *Versailles*, Paris, Éditions Place des Victoires, 1999.

Pommier, Édouard, «Versailles, l'image du souverain» dans Nora, Pierre (dir.), *Les Lieux de mémoire*, Paris, Gallimard, 1986, t. II, *La Nation*, vol. 2, *Le territoire, l'État, le patrimoine*, p. 193-234.

Rohan, Olivier de, L'Espée, Roland de, et Pérouse de Montclos, Jean-Marie, *Un siècle de mécénat à Versailles*, Versailles, Société des Amis de Versailles / Regard, 2007.

Sabatier, Gérard, *Versailles ou la figure du roi*, Paris, Albin Michel, 1999.

Saule, Béatrix, *Visiter Versailles*, Versailles, Artlys, 2006.

Saule, Béatrix, *Visite du musée des Carrosses*, Versailles, Artlys, 1997.

Sèvres-Cité de la céramique et Whitehead, John, *Sèvres sous Louis XVI et la Révolution : le premier apogée*, Paris, Éditions courtes et longues, 2010.

Soieries de Lyon : commandes royales au XVIIIᵉ siècle, 1730-1800, catalogue d'exposition par Pierre Arizzoli-Clémentel et Chantal Gastinel-Coural, Musée historique des tissus, Lyon, 1988.

Verlet, Pierre, *Le Mobilier royal français*, 2ᵉ éd., Paris, Picard, 1990-1999, 4 vol.

Verlet, Pierre, *Le Château de Versailles*, 2ᵉ éd., Paris, Fayard, 1985.

Boigne, Éléonor-Adèle d'Osmond, comtesse de, *Mémoires de la comtesse de Boigne, née d'Osmond, récits d'une tante*, éd. Jean-Claude Berchet, Paris, Mercure de France, 1999, 2 vol.

Madame Campan, *Mémoires de Madame Campan, première femme de chambre de Marie-Antoinette*, préf. Jean Chalon et éd. Carlos de Angulo, Paris, Mercure de France, 1999.

Croÿ-Solre, Emmanuel de, *Journal inédit du duc de Croÿ (1718-1784)*, éd. Vte de Grouchy et Paul Cottin, Paris, Flammarion, 1906-1921, 4 vol.

Dufort de Cheverny, Jean-Nicolas, *Mémoires sur les règnes de Louis XV et Louis XVI et sur la Révolution*, éd. Robert de Crèvecœur, Paris, Plon, Nourrit et Cie, 1886, 2 vol.

Hézecques, Félix de France, comte d', *Souvenirs d'un page de la cour de Louis XVI*, éd. Cte d'Hézecques, Paris, Didier, 1873.

James, Henry, *Portrait de femme*, Paris, Stock, 1992.

Louis XIV, *Manière de montrer les jardins de Versailles*, éd. Simone Hoog, Paris, RMN, 2001.

Marie-Antoinette, *Correspondance, 1770-1793*, éd. Évelyne Lever, Paris, Tallandier, 2006.

Orléans, Charlotte-Élisabeth de Bavière, duchesse d', *Lettres de Madame, duchesse d'Orléans, née princesse Palatine*, préf. Pierre Gascar et éd. Olivier Amiel, Paris, Mercure de France, 1999.

Proust, Marcel, *À la recherche du temps perdu*, éd. Jean-Yves Tadié, Paris, Gallimard, 1987-1989, 4 vol.

Saint-Simon, Louis de Rouvroy, duc de, *Mémoires, 1691-1723*, éd. Yves Coirault, Paris, Gallimard, 1983-1988, 8 vol.

Saint-Simon, Louis de Rouvroy, duc de, «Parallèle des trois premiers rois Bourbons» dans *Traités politiques et autres écrits*, éd. Yves Coirault, Paris, Gallimard, 1996.

引 用

第8页，圣西门，《回忆录》，1691年-1723年，第522页。

第23页，马塞尔·普罗斯特，《追忆逝水年华》，第906页。

第32页，让-巴普蒂斯特·科尔贝尔和路易十四的通信，转引自皮埃尔·韦尔莱，《凡尔赛宫》，第98页。

第39页，圣西门，《回忆录》，1691年-1723年，第618页。

第40页，圣西门，《回忆录》，1691年-1723年，第36页。

第44页，克罗伊公爵，《未刊日记》，第397页。

第56页，康庞夫人，《玛丽-安托瓦内特王后首席女总管康庞夫人回忆录》，第170页。

第65页，圣西门，《回忆录》，1691年-1723年，第791页。

第75页，克罗伊公爵，《未刊日记》，第396页。

第80页，康庞夫人，《玛丽-安托瓦内特王后首席女总管康庞夫人回忆录》，第90-91页。

第86页，圣西门，《回忆录》，1691年-1723年，第605页。

第89页，圣西门，《回忆录》，1691年-1723年，第463页。

第113页，克罗伊公爵，《未刊日记》，第71-72页。

第121页，康庞夫人，《玛丽-安托瓦内特王后首席女总管康庞夫人回忆录》，第96页。

第126页，康庞夫人，《玛丽-安托瓦内特王后首席女总管康庞夫人回忆录》，第133页。

第129页，埃德蒙·德·龚古尔和儒勒·德·龚古尔，《玛丽-安托瓦内特的历史》，转引自蒂埃里·德洛，《王后的小村庄，与玛丽-安托瓦内特共度一天》。

第136页，玛丽-安托瓦内特，《通信集》，1770年至1793年，第115页。

第142页，玛丽-安托瓦内特，《通信集》，1770年至1793年，第225页。

第151页，克罗伊公爵，《未刊日记》，第228页。

第160页，埃泽克伯爵，《路易十六时代宫廷年轻侍从的回忆录》，第107页。

第168页，迪福·德·舍韦尼，《路易十五、路易十六统治时期以及法国大革命回忆录》，第101-102页。

第178页，让·瓦杜，转引自托马斯·W·格特根斯，《凡尔赛宫，从王宫到历史博物馆》，第278页。

第183页，托马斯·W·格特根斯，《凡尔赛宫历史博物馆》，第167页。

第184页，卡米耶·德·蒙塔利韦，转引自托马斯·W·格特根斯，《凡尔赛宫历史博物馆》，第148-149页。

第190页，《世纪报》节选，转引自托马斯·W·格特根斯，《凡尔赛宫历史博物馆》，第167页。

第200页，克罗伊公爵，《未刊日记》，第390页。

第211页，安德烈·雅皮，《凡尔赛宫王家歌剧院》，第58页到第61页。

第220页，圣西门，《回忆录》，1691年-1723年，第618页。

第228页，路易十四，《展示凡尔赛宫花园的方式》，2001年版。

第236页，安德烈·费利比安，让-皮埃尔·内罗多，《太阳王的奥林匹斯山诸神:伟大世纪的神话学和王家意识形态》，第195页。

第246页，圣西门，《回忆录》，1691年-1723年，第495-496页。

第251页，圣西门，《回忆录》，1691年-1723年，第533页。

第268页，康庞夫人，《玛丽-安托瓦内特王后首席女总管康庞夫人回忆录》，第189-190页。

第272页，骑士"贝尔当"，《小特里亚农宫花园》。

第276页，埃泽克伯爵，《路易十六时代宫廷年轻侍从的回忆录》，第240-241页。

第292页，埃泽克伯爵，《路易十六时代宫廷年轻侍从的回忆录》，第238页。

第297页，康庞夫人，《玛丽-安托瓦内特王后首席女总管康庞夫人回忆录》，第190页。

第306页，埃泽克伯爵，《路易十六时代宫廷年轻侍从的回忆录》，第244页。

第312页，埃泽克伯爵，《路易十六时代宫廷年轻侍从的回忆录》，第244页。

索　引

致 谢

$\mathcal{T}$he author would particularly like to express his gratitude to Jean-Pierre Samoyault, whose generosity and detailed knowledge of the Château de Versailles were of such valuable assistance during the preparation of the present volume. The author would also like to thank all those at Versailles who aided him in his work:

Jean-Vincent Bacquart, Yves Carlier, Anne Déon, Pierre-Xavier Hans, Émilie Jacques, Marie-Laetitia Lachèvre, Daniella Malnar, and Daniel Rault.

$\mathcal{T}$he publisher wishes to thank Denis Verdier-Magneau for sharing his intimate knowledge of Versailles and its treasures and for his enthusiastic support throughout all the stages of this project. Cécile Bouchayer and Yves Carlier were of invaluable assistance during the new edition of the book. Bernard Lagacé's special talent set off to perfection the texts and the beautiful photography by Francis Hammond.

图片版权声明

第320页图: 2008年复原的凡赛尔宫王家栅栏的门锁锁眼